AF398441

Der Autor:

Ammar Aldudak wurde am 22.04.1998 geboren. An der Goethe Universität in Frankfurt am Main pflegt er ein Doppelstudium der Philosophie, Politikwissenschaft und Islamischen Studien. Dies ist die Neuauflage seiner zweiten Selbstveröffentlichung. Über seine Website werden Gedichte und Aufsätze veröffentlicht. Für Fragen, Kritik oder Anmerkungen:

www.ammaraldudak.de

Ammar Aldudak

Komm, Entmenschtes: Lass uns werden…

Das Tagebuch von Arman, dem Entfremdeten

FSC
www.fsc.org
MIX
Papier aus ver-
antwortungsvollen
Quellen
Paper from
responsible sources
FSC® C105338

Bibliografische Information der Deutschen Nationalbibliothek:
Die Deutsche Nationalbibliothek verzeichnet diese Publikation in der
Deutschen Nationalbibliografie; detaillierte bibliografische Daten sind
im Internet über http://dnb.dnb.de abrufbar.

TWENTYSIX-Der Self-Publishing-Verlag: Eine Kooperation zwischen der Verlagsgruppe Random House und BoD – Books on Demand

© 2019 Ammar Aldudak
Überarbeitete Neuauflage

1. Auflage 2018

Herstellung und Verlag: BoD - Books on Demand, Norderstedt

ISBN: 978-3-740-76302-2

Illustration: Ammar Aldudak

Doch dann hob sich ein Zeigefinger:
„Warum?"

Inhalt

„Der Klimawandel hängt zusammen mit einer tief
geistigen, philosophischen und religiösen Krise im
Selbstbewusstsein des modernen Menschen"

Vorwort zur Neuauflage

Der Ton dieses Vorwortes wirkt womöglich etwas unpassend.
Besonders, wenn es sich um eine ab und an unterhaltsame Tagebuch-Erzählung handelt. Deshalb habe ich sie gleich „unge-
wöhnlich" genannt und baue auf Ihre Geduld. Mir scheint nämlich, dass ich Ihnen in zweifacher Hinsicht Rechtfertigung schuldig bin:

1.) Warum einem jungen Mann Beachtung schenken? Gleichen
das Wissen und die Erfahrung zwei Augen, mag die Jugend
durch übermäßigen Eifer und entsprechende Erziehung das
eine Auge öffnen, die Blindheit auf dem der Erfahrung, ist ihr
dennoch wesenseigen. So viel Wissen sie auch angehäuft haben
mag. es ist unverdautes Wissen, weil ein unreifes Bewusstsein.

2.) Wozu überhaupt die Frage nach dem Prinzip Menschsein
stellen und unser Verständnis hinterfragen wollen?

Wahren wir die schöne Gesetzmäßigkeit der Mathematik und
beginnen mit der 1. Frage. Die oben angebrachten Zweifel sind
berechtigt und unter einem Gesichtspunkt richtig. Im Sinne des
Aristoteles möchte ich meinen, dass jene unter einem anderen
Gesichtspunkt aber auch unberechtigt sind. Verglichen mit einer
Frucht, erscheint die Jugend als „unreif", wohingegen der Vergleich mit einem Papier sie als „unbeschrieben" erscheinen lässt.
Der Prozess der Gewohnheit hat kaum oder gerade erst begonnen, in ähnlicher Manier fehlen ihr andere Bürden des Alters,
weshalb trotz der virtuellen und unwirklichen Welt, in die man
sie zu zwängen versucht, noch immer vor Tatendrang strotzt.
Was ihr folglich an der einen Stelle fehlt, das besitzt sie an einer

anderen. Wie also ihre Schwächen glätten, ohne ihre Stärken ungenutzt vergehen zu lassen? Bleiben wir bei Aristoteles, gelingt die Balance durch den Weg der Mitte: Die klare Unschuld und der antreibende Eifer der Jugend, die geduldige Gelassenheit und die leitende Weisheit der Alten. Deshalb der fortwährende Bezug auf Sokrates, Aristoteles, Heidegger, Bernays, Durkheim und viele andere: Kein Urteil, keine Kritik und keine Verwunderung in diesem Buch entspricht irgendeiner Laune des Protagonisten, sondern sie fassen sein Verständnis „der Alten" und dem Vergleich mit dem Derzeitigen. Man kann ihn also keiner bodenlosen oder jugendlichen Erfindungen wegen verurteilen, lediglich wegen irrtümlichen Verständnisses der Vorgänger zurechtweisen. Aus diesem Grund habe ich mich für eine Neuauflage eines Tagebuch-Erzählung anstelle einer Sammlung meiner Aufsätze entschieden, deshalb den neunzehnjährigen Protagonisten beibehalten.

Nun zur zweiten Frage. Wozu überhaupt nach dem Prinzip Menschsein fragen und unser Verständnis hinterfragen wollen? Erlauben Sie mir hierzu einige Festlegungen. Jedes Denken, jedes gesellschaftliche, politische Konzept und jedes Urteil, gar jede wissenschaftliche Forschung baut auf bestimmten Grundsätzen auf. Ein voraussetzungsfreies Denken gibt es nicht, deshalb ist selbst eine unreflektierte Meinung das Ergebnis eines Prozesses: Wenn wir äußerlich etwas wahrnehmen, sei es eine Debatte, z.B. um die Rentenreform oder einen Begriff, wie „Demokratie" oder „Seele", treffen diese auf die von uns bewusst oder unbewusst vorausgesetzten Grundsätze. Die jeweilige Meinung ist der Folgesatz des Zusammenspiels von Grundsatz und äußerer Wahrnehmung, wie auch das Zusammenspiel zwischen Stärkegrad der Brillengläser und Schwächegrad der Augen maßgeblich die Schärfe des Gesehenen bestimmt.

Die ersten Grundsätze bergen unser Verständnis von „Mensch" und „Gott": Ob Sie den Menschen als seines Nächsten Wolf verstehen oder als das Ebenbild Gottes, hegen Sie ein rein biologisches oder ein geistiges Menschenbild, irgendein Verständnis setzen sie voraus. Auch die Existenz einer Gottheit abzulehnen, bedeutet, die Variabel „Gott" zu besetzen. Darwinisten z.B. setzen unter einem Gesichtspunkt die Evolution, unter einem anderen den Zufall an seine Stelle. Freilich ist jenes Verständnis wesentlich. Sie können Demokratie nur dann gutheißen, wenn sie davon ausgehen, dass Menschen u.a. trotz äußerer Einflüsse selbstständig eine Meinung bilden, Meinungsunterschiede ertragen und bedenken können, kompromissbereit sind, usw. Wenn Sie dagegen dafür plädieren, dass Menschen rein subjektiv seien und folglich nicht von ihrem Standpunkt und ihren Interessen Abstand nehmen könnten, um im Zuge einer Diskussion sich für die Position mit den besseren Argumenten zu entscheiden, dann sollten Sie es sich mit der Demokratie, überhaupt mit Diskussionen und Nachforschungen gut überlegen…

Wir halten also fest: Jedes Denken, jedes Urteil, gar jeder Impuls ist das Ergebnis des Aufeinandertreffens zwischen unseren innerlich vorausgesetzten Grundsätzen und äußerlich wahrgenommenen Sachverhalten, Gegenständen, etc. Dies gilt auch für die wissenschaftliche Ausrichtung: Überhöhungen der Natur- oder Geschichtswissenschaften resultieren aus einem bestimmten Mensch-, Gott- und Wahrheitsbezug des Menschen, auch wenn die meisten Wissenschaftler i.d.R. die vorherrschenden Grundverständnisse übernehmen, statt bewusst zu reflektieren.

Unser urteilendes Bewusstsein ist das Saatfeld, die Grundsätze bestimmen über seine Fruchtbarkeit, die Saat versinnbildlicht das äußerlich Wahrgenommene: Ist der Boden fruchtbar, wird die Saat aufgehen, ist er unfruchtbar, wird sie es nicht. Denken Sie an die Brillengläser: Wenn die Stärke meiner Brillengläser nicht mit der Schwäche meiner Augen harmoniert, werde ich meine Außenwelt unscharf wahrnehmen, was wiederum wesentliche Auswirkungen auf meine Beurteilung haben wird. Aber, ändert meine unscharfe Wahrnehmung etwas an den Gegenständen selbst? Wenn ich farbenblind bin und die Farbe des Meeres nicht zu bestimmen weiß, ändert dies etwas an seiner blauen Farbe? Folglich wiegen meine Grundsätze im Entscheidungsprozess deutlich schwerer, als die Frage, wie etwas an sich wäre. Wenn man nun „richtige" Grundsätze hegte, d.h. solche, die zulassen, etwas so wahrzunehmen und zu bedenken, wie es an sich ist, um es vernünftig bedenken zu können, gäbe es keinen Grund, seine Grundsätze zu hinterfragen.

Was meinen Sie, sind Sie von der prinzipiellen Offenheit unserer Grundsätze, der freien Reflexionsmöglichkeit unseres Bewusstseins überzeugt? Wagen wir den umgekehrten Blick und schauen, in welchem Zustand unsere Gesellschaft sich befindet: Im politischen, wie auch im sozialen Bereich beobachten wir krisenhafte Zustände. Da ich im Anhang zu dieser Neuauflage einen Aufsatz zum Klimawandel beigefügt habe und mittlerweile jede Zeitung davon berichtet, dass tonnenweise noch eingepackte Kleidung auf Kosten der Umwelt und Menschen weniger mächtiger Staaten entsorgt werden, lasse ich dieses offensichtlichste Zeichen innerlicher Verrohung beiseite. Ebenso werde ich mich auf solche Ansätze beschränken, deren Namen zumindest nicht in Verruf stehen. Bezüglich der Demokratie fänden sich da unzählige. Z.B. müssen wir eingestehen, dass Hannah Arendts Jahrzehnte alte Warnung, repräsentativen Demokratien fehle die demokratische, als auch die politische Qualität, weil u.a. des Wählers Aktivität auf den Gang zur Wahlurne begrenzt würde und der Repräsentant zu einem reinen Interessenvertreter verkomme, nicht mehr wie eine Warnung klingt, weil es längst selbstverständliche Realität geworden ist. Der eine Politiker macht sich einen Namen als verlängerter Arm der Automobilindustrie, der andere setzt auf Flexibilität, indem er seine Meinung gemäß der stetig umschlagenden öffentlichen Meinung anpasst. Die Grünen haben daraus ein Erfolgsrezept gemacht. Spätestens die politische Praxis und die jüngsten Umstände, etwa die Verrohung der Sprache und das Erstarken antidemokratischer Tendenzen, veranlassten Levitsky und Ziblatt zu ihrem Buch „Wie Demokratien sterben und was wir dagegen tun können". Dass undemokratischer und machthungriger Lobbyismus ebenso zur Praxis von NGO's gegen Kinderarbeit und Zwangsprostitution gehöre, wie Hahn und Holzscheiter in einer Studie von 2013 zeigen, verwundert in dieser Zeit keinen mehr. Doch auch oder gerade im sozialen Bereich stellen wir trotz Aufklärung, Individualismus und wachsendem Wohlstand alarmierende Entwicklungen fest: Eine rasant steigende Vereinsamung führt etwa dazu, dass es in England einer Einsamkeitsministerin bedarf oder Unternehmen mit Cafés für Einsame (sog. „Chatty Cafés") neue Geschäftsfelder erschließen, Depressionen zur zweitgrößten Volkskrankheit werden sollen und der zunehmende Rückzug in die virtuelle, unwirkliche Welt dafür sorgt, dass selbst die sinnliche Lust Studien zufolge bei jungen Menschen der Lust auf Serien unterläge. Von der Altersarmut und menschenunwürdigen Behausungen, vom Nationalismus ganz zu schweigen. Stellen Sie sich vor: Wir leben in einem System, in welchem der Mensch in der Rolle des Konsumenten ungemeine Macht besitzt, die er in einer Zeit nach Humanismus, Aufarbeitung und 70-Jahre Grundgesetz dazu nutzt, z.B. die Fifa gegen die Näherinnen von Bangladesch, die Zivilbevölkerung in Brasilien und die Sklavenarbeiter in Katar zu bemächtigen.

Wenn wir nun bedenken, dass jedes Denken, usw. das Ergebnis einer Gleichung ist: Die einen Variablen fassen, was wir voraussetzen, die anderen, womit wir konfrontiert werden und die von mir bloß beispielhaften Indizien dafür, dass wir in verschiedenen Feldern schweren Krisen entgegenstehen, uns von ganz anderen Dingen antreiben lassen, als wir vorgeben, sind wir dann nicht in der Frage berechtigt, ob das Problem vielleicht doch an der Wurzel unseres Denkens beginnt? Besteht vielleicht ein Zusammenhang zwischen unseren Grundsätzen und der Ohnmacht unserer Philosophen, konkrete Lösungen anstelle unpräziser Fremdwörter zu bieten, sowie der Handlungsunfähigkeit unserer Gesellschaften, die auf den Klimawandel entweder mit geistiger Zerstreuung oder zunehmend mit Aktivismus reagieren? Bitte nicht missverstehen, grundsätzlich ist es begrüßenswert, dass junge Menschen aktiv werden. Allerdings ist das „Wie" des Engagements von ungemeiner Wichtigkeit. Einsteins Verarbeitung des von Aristoteles erkannten Naturgesetzes, dass nämlich ein Problem sich nicht mit der Haltung lösen ließe, mit der es entstanden ist, darf man nicht aus dem Blick verlieren. Es gibt genügend Ansätze in der Wissenschaft, die ein fundamentales Neudenken notwendig für eine Lösung der Umweltkrise halten. Einer davon ist z.B. der sog. „Kapitalozän-Ansatz", demzufolge der Kapitalismus, samt seiner Weltanschauung, Ursache des Klimawandels sei und deshalb abgeschafft werden müsse. Innerhalb einer solchen Ordnung seien nämlich nur solche Maßnahmen möglich, die den Kapitalismus aufrecht hielten (also z.B. profitorientiert sind), wodurch wiederum die benötigten drastischen Mittel zur Abwendung der Umweltkatastrophe nicht ergriffen werden können. Mit anderen Worten: Das heruntergekommene Haus erhält bloß einen neuen Anstrich, der brüchige Rahmen bleibt unangetastet. Uns genügt: Solange sich nichts an der grundsätzlichen Haltung verändert, können grundsätzliche Probleme auch nicht gelöst werden. Wenn das Problem an der Wurzel liegt, muss sich auch etwas an der Wurzel ändern. Durch radikale, rein praktisch bleibenden Mittel werden bloß die Symptome bekämpft, nicht jedoch die Ursache. Denn die Mittel eines Aktivismus, der nicht gründlich reflektiert, gleichen den Betäubungsmitteln der Medizin. Radikale Veränderungen in der Praxis lassen sich auf gesunde und nachhaltige Weise nur bewerkstelligen, wenn sie mit radikalen Veränderungen im Bewusstsein, im Geist der Gesellschaft einhergehen. Was uns wieder an die Grundsätze verweist.

Um zu verstehen, dass Philosophie dabei ein nützlicher, statt irreführender Weg ist, bietet sich eine Begriffsklärung an. Philosophie verstehe ich als die Reflexion der Grundsätze mit einem bestimmten Zweck, statt reine Gedankenakrobatik zu betreiben. Lassen Sie es mich an ein paar Beispielen verdeutlichen:

Bis zu den Aufklärern selbst, verbanden Philosophen ihr Denken mit einer Reflexion der Grundsätze ihres Zeitgeistes und ihrer Vorgänger, bevor sie in wechselseitigen Bezug zur jeweiligen gesellschaftlichen Realität traten. Sokrates hat dafür mit dem Leben bezahlen müssen und Robespierre hat andere dafür mit ihrem Leben bezahlen lassen. Aristoteles weist dem Staat die Ermöglichung von geistiger Vervollkommnung des Menschen aufgrund eines bestimmten Menschenverständnisses als Zweck zu. Hobbes ersetzt die bei Aristoteles vorausgesetzte Gottähnlichkeit durch die biologische Artengleichheit, wodurch er zu seinem „Leviathan" kommen kann. Denn nicht nur ist entscheidend, wie man „Mensch" und „Gott" versteht, sondern ebenso, wie man sie in Bezug zueinander setzt. Wo der Mensch nicht göttlich ist, da ist der Mensch von Grund auf böse, gefährlich und machthungrig. Vor ihm verändert Machiavelli sein Menschenverständnis, bevor er seine realpolitischen Forderungen stellt. In der Moralphilosophie begründen Darwinisten mit Verweis auf die menschliche Natur und den biologischen Charakter der an Gottes Stelle getretenen natürlichen Gesetze, dass unsere Moral- und Wertesysteme bloße Versicherungen zum biologischen Überleben seien.

Wenn unsere Grundsätze die Brillengläser sind, durch die unsere Wahrnehmung maßgeblich bestimmt wird und weiterhin als Brille folgerichtig wir gewisse Entscheidungsgewalt darüber haben, welche Grundsätze wir hegen möchten, sowie die Philosophie der Weg zum Bedenken ist, stelle ich nun erneut die Frage: Was verstehen wir unter „Mensch", wie kommen wir dazu? Denn dieses Verständnis bestimmt von Beginn, welche Bedeutungsmöglichkeiten wir z.B. dem Begriff „Gerechtigkeit" gewähren.

Im Rahmen meines Studiums und meiner eigenen, kleinen Nachforschungen und Ausflügen in die Wissenschaft habe ich die Auswirkungen dieser Erkenntnis erst wirklich begriffen: Wie die Stärke der Brillengläser bestimmt, auf welche Weise wir etwas sehen und damit den Rahmen der Beurteilungsmöglichkeiten vorgibt, bestimmt unser Begriff vom Menschen, was wir für wirklich und möglich halten, was wiederum bedingt, wie wir sehen: Er bedingt, welche Bedeutungsmöglichkeiten wir dem Begriff „Gerechtigkeit", dem der „Natur" oder „Glück" gewähren. Selbstverständlichkeiten werden nicht für solche gehalten, weil sie vernünftig oder überzeugend wirken, sondern durch die Übereinstimmung mit unseren Grundsätzen. Diese Erzählung hegt den Anspruch, die Frage nach dem Menschsein zu ermöglichen und zu stellen. Nicht auf eine abstrakte oder gedankenakrobatische Weise, sondern mit konkreten Ergebnisvorschlägen. Daher auch der angehängte Aufsatz zum Klimawandel. Weil davon ausgegangen wird, dass es einen Zusammenhang zwischen verschiedenen Bereichen und Disziplinen gibt, dass man den ganzen Wald ins Auge zu fassen habe, statt sich an einem einzelnen Baum festbeißend um diesen oder jenen Zentimeter zu streiten, werden auch verschiedene Teile der Einzelnen, der Gesellschaft und der Seele betrachtet werden, weshalb die zentralen, scheinbar unterschiedlichen Themen im Inhaltsverzeichnis aufgeführt sind. Der Anhang kann unabhängig von der Erzählung gelesen werden, da er nicht Teil der Handlung ist. Wenn aber unser Begriff vom Menschen bestimmt, welche Bedeutungsmöglichkeiten wir allem weiteren gewähren - Wollen wir da nicht erst nach dem Menschsein fragen?

Frankfurt am Main, 23.11.2019
Ammar Aldudak

Vorrede

Wenn Menschen Bücher dieser Art lesen, versuchen sie meist den Autor dahinter zu ergründen. Was wird durch welchen Satz über den Autor ausgesagt? Was kann ich über einen Autor meinen, der auf diese Weise über jenes schreibt? So gründlich ein Text gelesen wird, wie viele Hände auch ihn halten mögen, ein solches Erkenntnisinteresse verdunkelt den eigentlichen Gehalt eines Textes. Nehmen wir Goethes Faust: Wenigstens in der Schulzeit kommt und kam jeder Deutsche mit diesem Text in Berührung. Das Problem dabei ist, dass in der Schule vordergründig der Denker, Dichter oder Begründer einer literarischen Epoche von Interesse ist - entweder dient der Text als Stütze zur Charakterisierung Goethes, oder jener selbst als Hilfe bei der Charakterisierung und Beurteilung der Figur Faust. Das Ergebnis ist gleich: Blindheit für das Wesentliche des Textes.
Nämlich zu Fragen. Eine zentrale Botschaft Goethes: Frage, Mensch! Was uns ausmacht, ist unsere Fähigkeit, scheinbare Selbstverständlichkeiten zu hinterfragen, um zu den wirklichen Selbstverständnissen zu gelangen. Deshalb dürfen wir uns nicht einreden, nur weil etwas auf eine bestimmte Weise wäre und für allgemeingültig erklärt wurde, es auch dem Wesen nach so sei. Es mag stimmen, dass wir Einzelne unter vielen sind, aber das heißt nicht, dass wir zu keinen Veränderungen fähig wären. Es sind gerade die Veränderungen des eigenen Herzens, die schwer wiegen.
Das Menschsein ist unberechenbar: Entfaltet es sich, kann kein System, mag es noch so mächtig erscheinen, ihm standhalten.

Wir können alle unnatürlichen Ketten sprengen, nicht der Kapitalismus, keine Gewohnheit, ja nicht einmal die mächtigen Instrumente der Meinungssteuerung (neudeutsch: Public Relations) vermögen es, uns zu beherrschen - Wenn wir nur die gleichsam zerstörerische und schöpferische Kräfte entfesseln, die in der Formel „Warum und Wozu?" schlummern. Die Machtlosigkeit, Antworten auf die grundlegenden Fragen zu geben, wird ihre Schutzwälle ineinander zerfallen lassen: Sie sind Kartenhäuser, das Fragezeichen unser Windzug.

Dazu müssen wir die Fragezeichen an uns richten. Wenn Sie sich sträuben, Unwissenheit einzuräumen, so erklären Sie das nicht als eine natürliche Reaktion oder gar durch die Böswilligkeit Ihres Gegenübers: Prüfen Sie sich selbst. Wenn Sie die Gesellschaft beobachten, so sollte der Zweck nicht selbstgefällige Gesellschaftskritik sein. Freilich darf das Fragen nicht Selbstzweck sein, sonst wird man sich bloß im Kreis drehen. Ein guter Beobachter mag vieles über die Menschen da draußen sagen, doch ein *erkenntnisorientierter* Fragender braucht die Ungewissheit nicht zu fürchten.

Setzen wir deshalb um, was Goethes Faust nicht gelungen ist, vermeiden wir, was ihn zu Mephisto trieb. Suchen wir nicht nach Antworten, tun wir, was des Fausts Rettung war:

Richten wir das Augenmerk auf uns. Reisemittel sollte dabei die Unterscheidung sein. Wenn Aristoteles nach einer Tugend fragt, so unterscheidet er sie von zwei Extremen. Selbstliebe ist kein egoistischer Narzissmus. Selbstliebe ist die grundlegende Voraussetzung, um sich wirklich um andere Menschen kümmern zu können, oder einer gerechten Sache sein Leben zu widmen. Doch Voraussetzung zur Selbstliebe ist die Ahnung vom Menschsein.

Der Protagonist dieser Erzählung lädt zu einer Reise ein. Entscheidend dabei ist einzig, wieder das Fragen zu erlernen. Zynisch wollen wir sein, ohne an rechter Stelle den Hut abzunehmen. Wozu nicht auch hier und da ein wenig poetisch, ist nicht der Weg das Ziel? Auf dass das raschelnde Laub, die hoch in den Himmel ragenden Bäume, die salzigen Regentropfen, der Mond und die Sterne unsere Zeugen sind.

Prolog

Brief an Goethes Faust: Vom „Ich" und was die Welt im Innersten zusammen hält - Wie steht es um uns? Ein zynischer Lagebericht

Lieber Faust,

du fragtest: Was ist es, das die Welt im Innersten zusammenhält?
Als ich das erste Mal deine Frage las, verstand ich sie nicht so recht.
Manchmal scheint die Antwort eindeutig, so dass sie nicht entdeckt
und die in der Frage verborgene Weisheit nicht erfahren werden kann.
Gestatte mir, etwas auszuholen:
"Ich" zu sein, ist es, das erlaubt, Mensch zu sein. Missverstehe nicht,
mit „Ich" ist nicht „ich" gemeint. Letzteres drückt die Jeweiligkeit und
Austauschbarkeit des Individuellen aus, „Ich" hingegen bezeichnet
nicht das persönliche Ego, das von Leidenschaften, Begehren und Ver-
hältnismäßigkeit geprägt ist. Mit „Ich" sei das Zurücktreten aus der
Verhältnismäßigkeit bezeichnet, die Verwirklichung der natürlichen
Harmonie zwischen gestimmt sein und bestimmen.
"Ich" sei verstanden als das Ergebnis der Rückfindung zu sich selbst.
Nicht nur der sprachliche Gebrauch, sondern die bewusste Verkörpe-
rung des "Ich", welches abgerückt das Zentrum des Dreigespanns

Geist, Vernunft und Sinne bildet und mit ihnen gemeinsam die irdische Existenz teilt, nicht jedoch zwischen ihnen gefangen ist: „Ich" ist fähig, aus der Spannung dieser Pole herauszutreten, denn gerade „Ich" komponiert sie in Harmonie zueinander - es wird vielleicht von ihnen mit-gestimmt, jedoch nicht be-stimmt. Es war das „Ich", das die Last auf sich nahm, vor der die Berge wichen.

Im „ich" verharrend zu entsprechen, verlangt keine große Mühe, denn sein Entstehungsprozess gleicht dem einer Keramikschüssel: Sie wird von einem Töpfer geformt und hübsch bemalt, ihre Eigenständigkeit äußert sich in der Farbe und ist bloß äußerlich, im Wesentlichen gleicht sie der anderen. Die wahre Tragödie der bunten Keramikschüssel besteht indes in ihrer Leere, die nach Bedarf von außen mit dem gefüllt wird, was sich gerade auftreiben lässt. Der Töpfer ist dabei die Gesellschaft, seine Hände, sowie Gerätschaften die Eltern und Bildungsstätte, seine Farben ihre Künste und Ideale, das Maß aber seine Philosophie, denn sie bestimmt seine Grundsätze, sie ist die Wissenschaft der Reflexion und Ausrichtung. Ihre Religion, ob metaphysisch oder materiell, auf einer viele Tausende Jahre überdauernden Tradition wurzelnd oder von dieser abgeschnitten entwurzelten Leblosigkeit gründend, ob sie vom Unbedingten berichtet oder sich für biologisch-beliebig hält, ist das Ziel, wonach ausgerichtet wird. Wohingegen der Weg zum „Ich" ein steiniger ist. Es erfordert Willenskraft, es erfordert Geduld, es erfordert Enthaltung und es erfordert Anstrengung. Es erfordert die Bereitschaft, gen Wahrheit, statt gen Wohlgefallen zu streben.

Freilich ist jener Weg notwendig, um Mensch zu sein. Es geht nicht um die Glückseligkeit, es geht nicht um ein Märtyrertum, oder den Heiligenschein – es geht schlicht und ergreifend darum, Mensch zu sein. So sehr sie auch versuchen, uns jenes zu rauben, so sehr auch wir meinen, das Ich im sprachlichen genüge – es genügt nicht.

*Jedenfalls nicht, um das seelenzersetzende Unbehagen los zu werden,
welches das klaffende Nichts der Bedeutungslosigkeit ankündigt.*

*Das rein sprachliche „ich", die Hülle, soll rein körperliches, rein greif-
bares meinen, deshalb sagen sie, dass Greifbares genügte, ja dass einzig
Greifbares zähle: Was sich nicht messen oder sinnlich erspüren, ließe,
was der Willkürlichkeit des Künstlichen oder dem uneingeschränkten
Begehren Einhalt gebiete, was sich nicht auf die jeweiligen Realitäten
beschneiden ließe, stattdessen jene auf die Wirklichkeit zuschneiden
wolle, das hat hier nichts zu suchen. Verkleiden und Verkörpern darf
man alles, nur nicht mensch Sein.*

*Verkörperung ist das falsche Wort – kann etwas Lebendiges mechani-
sches verkörpern? Vermag etwas Natürliches durch Künstliches seiner
Natur gemäß sich entfalten?*

*Um das Enthaltungswürdige vom Erstrebenswerten zu unterscheiden,
muss man begreifen, worauf verzichtet wird. Oberflächlich scheint es,
als würden wir auf Gegenstände oder Tätigkeiten verzichten. Indes
steckt in jedem Verzicht etwas von dem, weshalb ich das Abwenden als
Verzicht empfinde. Wenn aber das eine zerstreut, das andere ansam-
melt, das eine hin, das andere wegführt, ist auch das Abwenden anders
zu verstehen: Verzichte ich auf unheilbringendes, wende ich in Wahrheit Unheil ab, verzichte ich dagegen auf Gutes, wende ich das Gute
ab. Was sollten wir abwenden? Wohl jenes, das uns von unserem Ziel
entfernt. Was wir demnach zum Ziel erklären, ist wesentlich für die
Bestimmung, ob aus einem Verzicht eine positive oder negative Abwendung wird. Das Ziel bestimmt die Bürden und die Erträge. Was
ist mein Ziel, was bürdet jenes mir auf, was werde ich am Ende bekommen?*

*Eines meiner Bürden ist die Einsamkeit im engsten Sinne, die sich vom
Alleinsein unterscheidende im Gegensatz zum Verlassensein steht.
Die Trennung von mir selbst – das Entrücken von dem, welches „ich"*

sprachlich und oberflächlich geistig fasste, um zum eigentlichen „Ich" durchzudringen, welches unbefleckt und rein von jeglichem Kontext ist. Es ist die Einsamkeit in dem einsamen Besitzen dieses Wissens – denn nicht etwas anderes opfere ich, sondern die darin enthaltene Vorstellung, den darin enthaltenen Wunsch. Klammern Menschen sich nicht deshalb an Ursachen ihres eigenen Unglücks – die Angst, sich entblößt gegenüber zu stehen, die Angst, loszulassen von dem, was man gerne über sich meinte, der Bruch mit dem Vertrauten, der Sprung von der scheinbar sicheren Klippe.

Es sind nicht die körperlichen Begierden, welche es so schwer machen. Es ist die geistige Ebene und die der irdischen Seele. Freilich stellt sich die Frage, was wir zu fürchten haben, wenn bereits die kristallklare Oberfläche des Herzens eine unendliche Weite birgt, was erwartet den, der in das sanft rauschende Wasser eintaucht?

Auf die einfache, den Einflüssen ausgesetzte Zuneigung der Seele soll verzichtet werden, um von der reinen Liebe des Herzens erschüttert und den Kräften entzerrt brennen zu können. Ewig ist das Feuer, welches brennt, vergänglich jenes, welches ver-brennt. Ersteres bedeutet unendliche Quelle von Streben und Stärke, Letzteres eine ausgelaugte Hülle, von der nichts zurückbleibt, als verkohlte Asche.

Den Vielen die kristallklare, sanft rauschende Wasseroberfläche, auf der man umgeben von honigfarbenen Blüten sich tragen lässt. Für die Wenigen das Blaue der Tiefe, dessen verschiedenen Farbengrade seine Geheimnisse und Suchenden vor der Oberfläche verbergen, während das ruhende Gewicht seiner Wassermassen die auf der Oberfläche Schutzsuchenden vor Trockenheit, Raub und trügerischen Sandschlössern schützt.

Wie ist es um mich bestellt? Nicht selten gleiche ich dem irdischen Dichter, der sich faszinieren und leiten lässt von seiner Vorstellung. Der irdische Dichter, welcher dieser Vorstellung einer Fata Morgana

gleich hinterherjagt, dabei immer wieder Teile von ihr mal bei der einen, mal bei der anderen sieht und sich vom süßen Geschmack betören
lässt. Bevor er zerrissen wird, wenn der Geschmack dem geheimnisvol-
len Nebel gleich sich lichtend weicht – Ein weiteres Mal ist es ihm nicht
gelungen, ihn zu greifen. Er bleibt alleine zurück. Mit bloßen Händen
den Nebel jagen? Er stürzt sich hinein, ist umgeben von ihm, doch nie
vereinigt er sich mit ihm, weder fasst er ihn, noch lebt er ihn. Schon
eilt er zur nächsten Nebelbank, diesmal werde ich darin verschwinden,
sagt er sich, dieses Mal werde ich darin finden. Ihm gleich tut es jeder,
der die Unvergänglichkeit im Vergänglichen sucht.

Törichter Narr!

Wie kann Dasjenige, das einen Hauch des Unvergänglichen in sich
trägt, seinen Frieden in den Armen der Vergänglichkeit finden?

Sprich, Mensch! Hat es sich gelohnt? Für die kurze Zeit, die dir be-
schieden war, hat sich das Abwenden von dir genügend ausgezahlt?

Eine Stunde auf der einsamen Klippe – oder eine Ewigkeit in der unendlichen Weite, der Reise zum Meeresgrund?

Wozu das ganze?

Nun, verehrter Faust, die Antwort liegt so nahe, dass es schon fraglich
ist, zusätzlich nach ihr fragen zu müssen. Doch du fragtest. Wie gut
du damit tatest! Die Weisheit eines Menschen äußert sich nicht in seiner Antwort, sondern in seiner Frage.

Es ist das Menschsein, lieber Faust, es ist das Menschsein.

Was die Welt im Innersten zusammenhält, es ist das Menschsein!

Eines schönen Abends…

Randnotiz an den Menschen aus der Zukunft: *Mein Name ist Arman. Falls du das liest, dann hat das Natürliche erneut über das Unnatürliche obsiegt. Wisse: Es hätte auch anders kommen können.*

Was wird man wohl in fünfzig Jahren über uns sagen?

Viel Gutes, wenig Gutes - oder eher viel Schlechtes, bestenfalls wenig Schlechtes?

Oder vielleicht keines von beidem, vielmehr eine emotionslose Wiedergabe auf Knopfdruck?

Um den Inhalt dir, Mensch aus der Zukunft, verständlich zu machen, möchte ich dir einige Themenbereiche vorstellen:

Flucht aus der Realität in den virtuellen Trug – immer mehr Menschen versinken in Videospielen und Serien, Blogs und Tutorials. So erreichte der Wert der Informationen im Zuge von Digitalisierung ganz neue Dimensionen. Unternehmen wissen nicht nur, was wir alles machen, sie wissen auch, was unsere Vorlieben und Ängste sind, sie kontrollieren, was wir meinen, für ein erfüllendes Leben zu brauchen: Online Bestellungen, Online Zeitvertreib, Online Tutorials, Online Beziehungen. Damit das Leben außerhalb des Smartphones nicht ganz so trostlos und anspruchsvoll ist: Alexa von Amazon, der Gipfel der virtuellen Illusion.

Sie nehmen zwar Einfluss, vermögen jedoch nicht, uns vollends zu überzeugen. Solche *Ratgeber* führen die Bestseller Listen, deren Titel die vorherrschende Verzweiflung ausdrücken:

Wie werde ich erfolgreich in der Arbeit und im Glück? Wie werde ich wahrgenommen?

Unbrauchbare Gegenmittel wurden bereits ausgeklammert. Wenn ich nämlich sage, dass ich Philosophie studiere, folgt ein „Oh… ähm, wie lautet dein Plan B?".

„Es ist ein Flugzeug abgestürzt, darunter sechs Tote".
Uninteressant.
„Unter den sechs Toten befanden sich *setzen Sie hier Ihre Nationalität ein* *Staatsbürger*!".
Nun entscheidet sich, ob Tragödie oder Lauf-der-Dinge.

Vernünftig denken – unser aller Motto. Brüsten wir uns nicht immer damit? Wir denken alle vernünftig. Das haben wir erreicht. Weder emotional, religiös, noch sonst irgendwie ideologiebehaftet:
Vernünftig!
Angenommen, ich wäre ein Familienvater. Dann lade ich doch nichts auf mich, was meine Zukunft (und die meiner Kinder) zerstört, oder? Vielmehr handele ich so, dass ich mir (und ihnen) die Zukunft erleichtern kann oder wenigstens unterlasse ich alles, was mir (und ihnen) schadet.
Wäre das nicht vernünftig?
Was ist mit einem Vater, der sich unbeschreiblich hoch verschuldet, von der schönsten Gegend (seine Familie) ins Elendsviertel zieht, statt dagegen anzukämpfen, sich (und sie) immer weiter in den Ruin treibt? Wissentlich, wohlgemerkt, vergibt er nicht nur seine Potentiale, sondern verspielt seinen Besitz. Eine solche Lebensführung wäre doch unvernünftig?
Wem gleichen wir mehr? Gehen wir der ganzen Sache einmal auf den Grund: Finden uns in einer wunderschönen Welt wie-

der, riesige Ozeane, unzählige Tierarten, vier Jahreszeiten, welche sich die 12 Monate eines Jahres teilen. Über tausende Jahre hinweg leben unsere Ahnen mit dieser vorgefundenen Welt in Harmonie, nehmen nichts, was nicht entbehrt werden kann. Dann die riesige Wende:

Wir sind da.

Angenommen, der Klimawandel ist nicht Teil einer Verschwörung (dass es im April schneit, hat sicherlich einen anderen Grund): Wir zerstören, was wir zum Überleben brauchen und vergiften, wovon unsere Lebensqualität abhängt. Und das, obwohl wir auf tausende Jahre von Lebensarten zurückblicken, wie es eigentlich gemacht werden könnte. Ironisch daran: Wir wissen es und geloben immer wieder Besserung - obgleich die Läden längst geschlossen sind und der brave Bürger zeitig am Vorabend der Arbeit in Gesellschaft seines Gerätes zu Bett geht, ebbt der Stromverbrauch nicht ab. Wir wissen es, demungeachtet sinken die Preise von Billigflügen immer weiter – Wir wussten es, während 2016 in Deutschland mehr als 750 Millionen Tiere geschlachtet wurden.

Zwischen Wissen, Verstehen und Begreifen müssen Welten liegen.

Apropos Glauben:

„Das Menschenbild im dunklen Mittelalter…", „Das Menschenbild in der Religion…" – beide Sätze laufen ins Negative hinaus, beide Sätze sind geläufig. Während „dunkles Mittelalter" im eigentlichen Sinne die 1000 Jahre zwischen ca. 500-1500, also der Zeit nach dem Untergang des Römischen Reiches bis zur Renaissance benennen sollte, werden beide Satzanfänge heute im Ge-

schichtsunterricht als Parolen gegen jegliches Vormoderne verwendet. Der eine Ausdruck fasst eine nicht-moderne Zeit, der andere ein die Moderne sprengendes Universum… Verzeihung, ein unmodernes Überbleibsel alter Naivität. Die modernen Katholiken haben es begriffen und vertragen sich deshalb mit den bereits von Beginn an modernen Protestanden. Sie wissen, dass nur bleiben darf, was mit *modernen* Werten vereinbar ist, d.h. was dem enthemmten Egoismus des Individuums immer neue Happen vorzuwerfen versteht. Nur die Muslime, die haben noch nicht verstanden, dass man sich auf den gemäßigten Teil der Religion zu konzentrieren hat: *Gemäßigt* meint jenen Teil, der den freien Fall der wertelosen Postmoderne umgekehrt betrachtet.

Flüchtlinge müssen so schnell wie möglich Deutsch lernen und Qualifikationen erlangen, weil wir sie so schnell wie möglich in den Arbeitsmarkt integrieren müssen, u.a. damit ihre Versorgung nicht durch Steuergelder finanziert zu werden braucht. Denn dem Bürger ist es lieber, wenn seine Steuern auf Nimmerwiedersehen in globalen Kapitalströmen verschwinden oder gleich den wenigen Profiteuren des Neoliberalismus zugutekommt, als wenn den Schwächsten eine menschenwürdige Existenzgrundlage geboten wird. Am wichtigsten ist jedoch, dass sie unsere Werte annehmen. Außer, ihnen gelingt der Aufstieg zum Komplizen der Automobilindustrie oder Funktionär eines Fußballverbands.

Die selbstbestimmende Frau – Der Großteil der berühmten Frauen nutzt Aussehen und Kurven im Kino, Fernsehen und im Internet, um erfolgreich zu sein.

Zwar kocht der neue Mann und lässt die Frau den Kurs bestimmen, freilich werden die Bestsellerlisten von Erotikbüchern angeführt, in denen der reiche Mann über das Leben einer Frau radikal bis ins kleinste Detail bestimmt, sie sexuell ausbeutet und die Pointe daran: Er braucht sie nicht einmal dazu zu zwingen. Um die Musikcharts ist es nicht etwa besser bestellt: Sie werden von millionenfach verkauften Liedern angeführt, in denen die Sehnsucht nach „bösen" Männern zum Ausdruck kommt. Der Widerspruch ist so offensichtlich, dass man sich fragt, welche Sprengkraft Widersprüche überhaupt noch besitzen, was die Gleichgültigkeit zu bedeuten hat…

Liebe – solch ein schönes Wort. Noch ein Fortschritt: Alle heiraten, wen sie lieben, niemand wird zwangsverheiratet. Denn jener sagenumwobene Begriff (Liebe, nicht Zwangsverheiratung) sei es, der wirklich zusammenhält. Nicht nur die Freiheit lieben zu *dürfen*, wen wir wollen, wird uns unterstellt, sondern zusätzlich auch noch, dass wir es *könnten*. Es verhält sich wie mit dem reich werden: Nur ein kleiner Teil der Gesellschaft wird es wirklich, viele meinen, das Rezept dazu zu kennen und alle dürfen über Online-Dienste und Fernsehen daran teilhaben. Und hier, wie da, gilt: Leichtfertigkeit zeugt von Ahnungslosigkeit. Frage: Wenn Liebe das schönste Gefühl ist, welches wir alle kennen und wozu wir alle fähig sind – wieso ist dann der Geschlechtsverkehr, den wir mit unserer ''großen Liebe" haben, „überbewertet"? Halt, könnten einige Übereifrige entgegnen, es gehe längst nicht mehr um Liebe! Bestenfalls um Zärtlichkeit und Zuneigung, sonst aber Vergnügen und Befriedigung. Worauf ich frage: Woher kommen dann all die von sexueller Frustration und Gleichgültigkeit zeugenden Statistiken, wozu all die Aufputschmittel, Bestseller von Erotikfilmen und -büchern, die vielbesuchten Vorträge und unzähligen Artikel im Feuilleton? Vielleicht, weil es bei einem reinen Geschlechts-verkehr bleibt, der zwar vorläufig das Verlangen stillt, weder jedoch die Seele erfüllt, noch das Herz erreicht?

Eine gute Überleitung: *Therapie* – ein weiteres schönes Stichwort: Wir haben alles abgeschafft, was uns vom Glück abhält: Religion, Traditionen, Solidarität, die richtige Definition von Hedonismus und geistig-sichtbare Hierarchien durch materiell-unsichtbare ersetzt. Aber, weshalb ist der Beruf des Psychologen so heißbegehrt? Nun, der Boden der Berufschancen ist besonders fruchtbar, vor uns liegt schließlich die Ära der Depressionen. Abermals, warum ist das so?
Mhm, horchen Sie: Welch ein bitterer Nachklang…

Zwischenbilanz: So günstig scheint es nicht um uns bestellt zu sein. Wenn das nur alles wäre:

Freiheit, Volkssouveränität, Bürgerrechte - Hierbei genügt das Zitat des Chefs einer berühmten Suchmaschine:
„Wenn es etwas gibt, von dem Sie nicht wollen, dass es irgendjemand erfährt, sollten Sie es vielleicht einfach nicht tun".
Der Inhalt hat seine aufschreckende und aufwiegelnde Wirkung eingebüßt, scheint aber gleichzeitig Ansporn zur Ehrlichkeit zu sein. Wer ehrlich ist, hat nichts zu befürchten. Dies gilt übrigens auch für den Ausgespähten. Von unserer Wertschätzung des Ehrlichen kann Edward Snowden ein Lied singen.

Wir schreiben die Zeit der freien Wissenschaft - Was nützt mir eine freie Wissenschaft, wenn ihre Stimme bedeutungslos ist? Und überhaupt: Wenn die Wissenschaft so frei von jeglicher Außenwirkung wäre, weshalb ist es so leise an unseren Universitäten geworden?

Denken wir an den Klimawandel. Wir wissen, *trotzdem* behalten wir unsere derzeitige Lebensweise bei, wir wissen, *trotzdem* wird mit großer Wahrscheinlichkeit nicht nur das Funktionieren unserer Gesellschaften ein jähes Ende finden, sondern jegliches, in jedem Fall menschliches Leben ausgelöscht werden. Wir wissen, dass es zur Abwendung der Umweltkatastrophe eines radikalen Wandels unserer Lebensweise bedarf. Wir wissen weiterhin, dass wir zwar nicht an Veränderungen als solche, jedoch an den mörderischen Veränderungen in der Natur ursächlich sind. Einige unter uns verstehen, dass die Ursache nicht im Menschen als solchem, sondern dem des langen 16. Jahrhunderts, der *Neuzeit* zu suchen ist.

Die Frage ist nun: Wieso tun wir nichts? Da die Ursachen nicht in unserem Menschsein und auch nicht in der von uns unabhängigen Naturprozessen zu finden sind, liegt es schließlich in unserer Hand, etwas zu tun - woher rührt unsere Untätigkeit? Gewiss, dass die Natur uns nichts als eine Menge aus Ressourcen zu Macht und Wohlstand bedeutet, ist nichts neues. Auch Zahlen und Fakten braucht man nicht mehr aufzuzählen: Jeder weiß, dass es in der Kleidungsbranche jährlich mehr als 50 neue Kollektionen gibt, so dass oftmals noch nicht einmal ausgepackte Kleidung auf dem Müll landet, damit die Regale mit der neuen Kollektion geschmückt werden können. Einiges überrascht womöglich noch für ein paar Sekunden, wenn man etwa liest, dass selbst Jugendliche ihre Kleidung mittlerweile nach einmaligem Tragen wegwerfen und neue kaufen, statt Waschen und Wiederverwenden. Freilich gehen wir mit Fakten um, wie mit Fliegen: Stören sie, werden sie mit einer Handbewegung fortgescheucht. Sind sie hartnäckig, werden sie regelrecht bekämpft - ihre einzige Existenzchance besteht darin, sich nicht bemerkbar zu machen, niemandem nahe zu treten.

Kommen wir zum Wesentlichen: Wenn wir wissen, dass unser eigenes Leben und das unserer Gattung bedroht ist, müsste nicht die Todesangst, der Überlebensdrang genügen? Zumal es nicht bloß um das einzelne menschliche Leben geht, sondern jegliches menschliche Leben, folglich das Menschsein von uns vor die Klippe gezerrt wurde. Da stellt sich die Frage: Bedeutet uns das Menschsein denn gar nichts mehr?

Meine Vermutung lautet: In der Postmoderne findet sich die Entwertung des Menschseins und damit die Sinnentleerung des menschlichen Lebens ihren Höhepunkt, sie steht kurz vor der Vollendung. Es stimmt, der postmoderne Mensch richtet sich nicht nach etwas anderem, als dem „ich" des Narzissmus, er kann sich Kinder mit blauen Augen und hohem IQ bestellen, er darf reden, ohne seinen Worten Taten folgen zu lassen. Nichts ist gegeben, alles ist verhältnismäßig zu Raum und Zeit – keine Erkenntnis ist wahr, sondern verhältnismäßig zum Subjekt. Welchen Unterschied macht es da, ob etwas so oder anders wäre? Wie schreibt Thomas von Aquin in Anlehnung an Aristoteles: Ein tatenloses Sprechen ist nichts wert. Es ist reines Geschwätz. Geschwätz unterscheidet sich von der Rede darin, dass sie keine Bedeutung hegt: Sie ist beliebig. Was beliebig ist, dem begegnet man mit Gleichgültigkeit. Wenn es keinen „Mensch" an sich gibt, kein überbiologisches Prinzip, welchen Unterschied macht es da, wenn er ausstirbt? Ist doch bloß ein Nachkomme der Affen, sicherlich wird es irgendwann wieder Nachkommen der Affen geben, die auf den Bäumen bleiben und es gar nicht erst so weit kommen lassen. So ergibt sich, weshalb wir uns im Achselzucken des Sarkasmus überheben: „Wenn es uns dann noch gibt, hehe". Wenn man eine solche Denkweise pflegt, welchen Unterschied macht es da, ob es mich gäbe oder nicht? Wer an Zahnschmerzen leidet und nur sich selbst sieht, den kümmert es nicht, wenn man ihm vom zukünftigen Krebs erzählt: „Nach mir die Sintflut" – der Kapitalist hat recht damit, sich weiterhin um seinen Profit zu kümmern, selbst wenn *übermorgen* die Lichter ausgingen, er wäre ja längst vorher, *morgen* tot. Dieser Prozess muss notwendig in vollständiger Bedeutungslosigkeit münden…

Ach, es wird wieder zu „philosophisch"! Streichen wir den philosophischen Teil und halten fest, *wir* haben die Wahl. Mit *wir* bezeichne ich nicht nur die Politik oder Alten, sondern auch, bzw. besonders die jungen Generationen. Gewiss, wir haben den Salat in gewisser Weise vorgesetzt bekommen. Zudem waren nicht wir es, die der utilitaristisch-relativistische Haltung unserer Gesellschaften zur Macht verholfen und alle kommenden Generationen seinen Waffen, dem Fernsehen und Konsumzwang, ausgeliefert haben. Allerdings, wie sprach Aristoteles? Auf jeden Zwang gibt es jemanden, der sich freiwillig jenem Zwang beugt. Gehen wir den mühseligen und Taten fordernden Weg der Philosophie, um zu verstehen, wieso aus unserem Wissen keine Taten folgen, oder verharren wir? Sind wir bereit, Philosophie im eigentlichen Sinne, d.h. nicht erkennen, *was* man *wie* haben möchte, sondern erkennen, wie etwas ist, wie es sein sollte und sich gemäß dessen zu richten?

Sei's drum, feststeht: Die Ausrede, keine Wahl gehabt zu haben, zählt nicht.

Wir *haben* die Wahl.

Unser Problem dabei: Wir *wissen* lediglich.

Im Sinne des Aristoteles gleichen wir „…Kranken, die einem Arzt zuhören, aber…".

Ach, was will ich schon wieder mit Aristoteles? Diese Reise soll nicht bei ihm, sondern bei uns beginnen.

Wollen wir?

Kapitel I: Das Verweilen

Das Smartphone und von transparenten Taschen - Bedürfen und Wünschen - Das Fernsehen und das zweiseitige Entfernen – Der Gender-Ansatz: Die Zwangsjacke der Mannesgleichheit - Familie und Tradition?! - Die Theodizee-Frage - Funktionieren und Erfüllen - Selbstzerstörerische Zufriedenheit: Die endlose Jagd nach immer mehr - Glückseligkeit: Die Gelassenheit des Gegenwärtigen - Ungelebte Gegenwart und illusionäre Zukunft - Freiheit, nicht Willkür! - Die sinnliche Erkundung einer Frau - Gut oder Richtig: Der Mensch bloß eine Ich-heit mit Spiegeln vor den Augen? - Wissen, Erkenntnis und Glauben - Bestimmen oder bestimmt Werden? - Das Prinzip des Guten und das Problem der modernen Philosophen - Philosophie und Sprache an der Universität

M*ontag*

Seufzend blicke ich auf die Uhr. Es ist wieder einer dieser Momente, an denen ich mir sehnlichst wünsche, nicht direkt mit dem Studium angefangen zu haben: Wie gerne hätte ich all die Zeit dazu genutzt, mich durch die gesamte Philosophiegeschichte zu lesen und die restliche Zeit mit dem Schreiben zu verbringen. Aber was soll's – viel zu oft denke ich an die Vergangenheit oder an die Zukunft, obwohl ich doch eigentlich weiß: In der Vergangenheit zu leben, trübt den Blick auf die Zukunft – und in der Zukunft zu schwelgen, lässt diese niemals zu Gegenwart werden.

Mein Handy vibriert. Das ist auch so eine Sache – seit zwei Wochen frage ich meinen Vater, wann denn mein Vertrag endlich gekündigt sei. Und er antwortet seit zwei Wochen, dass er *gleich* nachsieht.

Rate mal, was passiert ist.

Eine Textnachricht von Chang.

Was denn?

Ich kann es wirklich kaum erwarten, bis ich dieses Smartphone los bin. Als wäre es nicht genug, dass es zeitraubend ist und meine Solidarität mit Ausbeutung und menschenunwürdiger Arbeit demonstriert, ist dieses kleine Ding der Schlüssel in meinen Kopf.

Eine feine, rote Schleife um das *All inclusive* Paket, mit welchem Geheimdienste von ehemaligen Garagenbewohnern geködert werden: Welcher Jäger sähe es nicht gerne, wenn das Beutetier sich in gutbürgerlicher Manier selbst erlegend auf der Ladefläche darbietet?

#J antwortet Chang nur.

Nicht dein Ernst?

Sie hat mich nach deiner Nummer gefragt – Soll ich sie ihr geben?

Ich zögere und erinnere mich daran, weshalb ich in keinem sozialen Netzwerk vertreten bin. Auf der anderen Seite - versprach ich nicht, für alle Menschen ein offenes Ohr zu haben?

Ja gib sie ihr – mal schauen, was ich für sie tun kann.

Mit meinem Rückzug aus sozialen Netzwerken bin ich nicht nur lästige Menschen und vermeidbare Halbwahrheiten los geworden, ebenso wenig höre ich von Leuten, von denen ich glaubte, es seien mehr als Bekannte.

Naja, sich nun weiter damit aufzuhalten, wäre sinnloser Zeitvertreib. Ich sollte mich wieder der Logik zuwenden.

Hi Arman, hier ist die Julia??

Das ging schnell.

Dienstag

„Baba, wann läuft mein Vertrag endlich aus?", frage ich.

„Was ist dein Problem mit dem Handy?", erwidert er nur.

„Mir geht einfach viel Zeit verloren! Da nimmt man es *kurz* in die Hand und aus *kurz* wird dann schnell *viel zu lang*".

„Dann diszipliniere dich!", verlangt er: „Das Ding ist nun mal nützlich - du kannst schnell Sachen nachsehen, deine Mails hast du bei dir, Zugverbindungen alle auf einem Blick: Schaffe es, *obwohl* du es zu Verfügung hast, nur dann zu nutzen, wenn es wirklich nötig ist: Mails, Nachrichten und dergleichen".

Mir dämmert, was er meint und ich bin überzeugt. Bin ich so schwach, dass ich nicht Maß zu halten weiß, ohne völligen Verzicht?

„Ja, aber was ist denn mit der Art, wie es hergestellt wird? Ich meine, die gehen so schnell kaputt, während Tastentelefone…".

„Wie lang hast du das?", unterbricht er mich. Ich habe damals sein iPhone genommen. Ich hole es aus der Tasche, betrachte die halb kaputte Rückseite, das zusammenhaltende Klebeband, die um Gnade winselnde Kameralinse…

„Du hast es mir letztes Jahr gegeben".

„Ich habe es vor mehr als fünf Jahren gekauft".

Ja, eine stattliche Überlebenszeit – aber auch nur, weil einer seiner Kollegen es wiederbelebte, während wie glaubten, es hätte den Kreis der Familie verlassen.

„Benutze es noch, bis es völlig den Geist aufgibt", meint mein Vater: „Dann kaufe ich dir eben ein neues, und das benutzt du weitere fünf Jahre. Solange man ein gewisses Maß hält, kann möge man sich die Technik zunutze machen. Gebe bloß Acht, dass *du sie* kontrollierst, statt anders herum. Mit anderen Worten: Diszipliniere dich!".

Er hat recht, nur, wie nehme ich dem sonnenhungrigen Brillenträger, ob er denn nun das Avatar des amerikanischen Adlers oder das Logo des künstlichen Apfels trägt, die Sicht?

Wieder oben in meinem Zimmer, denke ich weiter darüber nach. Es erschreckt mich, wie wenig es mir ausmacht, dass ich mit jeder Sekunde, die ich in diesen kleinen Bildschirm sehe, jemand anderem Zugang zu mir verschaffe. Ich sitze in diesem Zimmer, meine alleine zu sein, die Vorhänge zugezogen, damit bei offenem Licht niemand reinsehen kann. Ich schließe die Haustür ab, damit keine Fremden in mein Haus können, schließe ich meine Zimmertür, möchte ich alleine sein, ungestört, nur für mich selbst.

Nur ist da dieser sonnenhungrige Brillenträger. Ihn kann ich nicht aussperren. Denn er ist in meinem Handy drin, und ohne mein Handy kann ich nicht mal mehr ins Badezimmer. Aber er zwingt mich ja nicht dazu, oder?

Ich bitte ihn selbst herein. *Dass* er da ist, weiß ich schließlich.

Der sonnenhungrige Brillenträger guckt mir noch immer ungestört über die Schulter. Er sieht die Bilder, die ich von meiner kleinen Schwester mache, liest die Geheimnisse mit, die ich mit meinen Freunden teile und sieht die intimen Details über das lieblose Liebesleben von mir und meiner Frau, wie schlecht es bei der Paartherapie läuft, zu der wir alle vierzehn Monate zurückfinden – Er weiß ganz genau, wovor ich mich fürchte und wann ich mein Kind allein zu Hause lasse.

Und das ironische daran ist – er bricht nicht mein Schloss auf, um gewaltsam in mein Haus einzudringen, wie ein Dieb – sondern ich öffne ihm entblößt die Tür und bitte ihn herein?

Kannst du jetzt reden?

Ach stimmt, das hätte ich ja beinahe vergessen! Julia wollte mit mir reden. Ohne zu antworten rufe ich sie an.

„Hi!", grüßt sie.

„Was ist los?", frage ich.

„Ja also…", sie fängt an irgendetwas aus ihrem Leben zu erzählen. Dass sie immerzu an mich denken müsste, obwohl wir uns seit zwei Jahren nicht gesehen haben und so weiter.

„Was willst du jetzt von mir?", frage ich ungeduldig. Bahnbrechende und *unvergleichliche* Liebesgeschichten, welche sich alle paar Monate mit wechselnden Protagonisten zu wiederholen wissen und kaum mehr als die Projektion der eigenen Sehnsüchte und Wünsche sind - Dafür habe ich keine Zeit. In diesem Augenblick verstehe ich, wie es dazu gekommen ist, dass kalifornische Wissenschaftler fieberhaft daran arbeiten, Schweineherzen in Menschen transplantieren zu können.

„Deshalb hast du mich nicht angerufen – zum Ausheulen hast du deine beste Freundin", erwidere ich.

„Ja, man kann es ja nicht leugnen, dass wir beide eine Geschichte haben und ich musste immerzu an dich denken, ich weiß nicht und wirklich, ich wollte dich schon vorher kontaktieren, aber mein damaliger Freund hatte es mir verboten".

Welche Geschichte? Wir waren Klassenkameraden…

„Ich weiß nicht…", meint sie.

… und ich antwortete in der sechsten Klasse auf ihre Liebesbriefchen.

„… irgendwie will ich dich sehen!".

„Er hat es dir verboten?", frage ich.

„Ja!".

Ich kann einfach nicht widerstehen und breche in schallendes Gelächter aus: „Nicht dein Ernst!".

„Doch!", sie fällt in mein Lachen ein – ihr ist nicht klar, über *wen* ich lache: „Da siehst du, was das für einer ist!".

Es gleicht dem, wenn Freundschaften zerbrechen. Meistens fangen die Menschen an, schlecht über die Personen zu sprechen, die vorher noch ein Teil ihres Lebens waren und von ihnen jedem gegenüber hochgelobt wurden. Sie sind so sehr damit beschäftigt, sich selbst gut zu reden und den anderen schlecht zu machen - versagt hat schließlich der andere -dass sie nicht merken, was sie eigentlich über *sich* preisgeben.

„Hm – also ist jetzt niemand mehr da, der dir Dinge verbietet?".

„Neeein, jetzt kann ich *alles* machen", erwidert sie in einem anzüglichen Ton, gefolgt von einem neckischen Lachen.

„Ich melde mich".

„Ja, super! Und weißt du…".

„Ich habe gerade zu tun – ich melde mich, in Ordnung?".

„Ja, natürlich…?", antwortet sie irritiert.

Ich will gerade auflegen, als sie noch sagt: „Nächste Woche hätte ich auf jeden Fall Zeit – da sind Ferien, dann könnten wir alles machen…".

Ich lege auf. Im selben Moment taucht auf dem Bildschirm eine Nachricht auf:

Gib doch einfach dem Mädchen, was sie will! Die Arme wird dich sonst nie aus ihrem Kopf kriegen! Und außerdem – Hast du nicht das Bild gesehen, wie sie jetzt aussieht?

Ich tippe schnell eine Antwort, bevor ich den Flugmodus aktiviere, um mich weiterer Ablenkung zu entziehen.

Wo war ich stehen geblieben?

Genau, der Unterschied zwischen diesem Dieb und dem sonnenhungrigen Brillenträger ist, dass der Dieb sich Zugang zu meinem *materiellen* Besitz verschafft: Er bricht in mein Haus und stiehlt meinen Fernseher. Das Beispiel des Fernsehers ist fehl am Platz, damit tut er mir schließlich - wenn auch ungewollt - einen Gefallen. Es bedarf eines besseren Beispiels, was könnte so wichtig sein, dass bereits die Vorstellung schlaflose Nächte bereiten könnte…

Gefunden: Er stiehlt mein Geld. Dennoch: Ich kann ihn anzeigen, die Polizei rufen, die Versicherung herbeordern und selbst wenn er nicht geschnappt würde - ich hätte meine Ruhe, denn er hat was er wollte und ist weg. Zwar hat mein Leben einiges an Wert verloren, doch ließe sich dies durch ein paar Überstunden mehr und einer ungleicheren Teilung der Rechnung allmonatlicher Ausgänge mit meiner Ehefrau wieder hinbiegen.

Der sonnenhungrige Brillenträger hingegen – der ist anders. Er interessiert sich nicht für mein Geld und in mein Haus brechen, braucht er auch nicht: Er ist mir näher, als es sonst jemand wäre, jedes Mal, wenn ich den Bildschirm entsperre, treten wir beide in ein Verhältnis, das dem des Blinden zum Sehenden gleicht. Ich trage ihn bei mir, vor dem Schlafengehen schließe ich die Tür und knipse das Licht aus, bevor ich beruhigt einschlafe. Er ruht dabei ganz dicht bei mir, manchmal auf meinem Nachttisch, manchmal aber auch unter meinem Kopfkissen.

Er will meine Gewohnheiten kennen, voraussagen können, was ich morgen tue - er möchte wissen, was meine Geheimnisse sind, wann ich wo bin, mit wem ich spreche, wofür ich mich interessiere und was ich gerne hätte – dabei ist er unersättlich. Ihm

genügt es nicht zu wissen, dass ich weder Terrorist noch interessiert an Veränderungen bin – er will mehr. Man spricht wegen ihm vom „Überwachungskapitalismus": Denn jeder ist nicht nur überwachbar, sondern erpressbar. Oder wie ein Chef der berühmt berüchtigten Suchmaschine 2010 verkündete: In Zukunft werden wir es mit einer Massenveränderung der Namen zu tun haben. Da ist eben diese trügerische Hoffnung, der eigenen Internethistorie wenigstens dem Namen nach zu entkommen. Es ergeben sich neue Wege, wie mit Systemkritikern umzugehen…
Zuvorkommend ist er dabei auch noch: Um mir ein gutes Gefühl zu geben, bietet er mir eine grenzenlose Welt, in der Fakten, Dauerhaftigkeit, Normen und Gesetze, Gefühle, Empathie und Sensibilität, sowie eine sich in Taten äußernde, wahrhaftige Solidarität nicht besonders wichtig sind.

Wir kommen beide zum Zug: Während ich im Netz umher surfen kann, meine Lieblingsprominenten in ihrem Treiben beneide und mit meinen digitalen Freunden in digitalen Kontakt treten darf, surft er in meinen Bildern herum, beobachtet mich und liest mit, wenn ich eine lange Textnachricht mit dem Satz *„Aber das musst du für dich behalten!"* beende. Mittlerweile gibt es gar ein Chat-Programm, welches ermöglicht, Bilder zu verschicken, die nicht von meinem Gegenüber gespeichert werden können. Schließlich kann ich nicht wissen, was mein Gegenüber mit diesen macht, sobald er meiner überdrüssig ist.

Irgendwo in den Nutzungsbedingungen, die ohnehin niemand liest, steht sicherlich: *Mit Ausnahme des sonnenhungrigen Brillenträgers.* Was spräche dagegen? Ganz sicher nicht der Verlust von Privatsphäre. Wir sind mittlerweile so transparent, dass wir sogar durchsichtige Taschen tragen. Galt die Tasche einer Dame einst als unantastbares… Ach, hör schon auf! Was für Unantastbarkeit, was für Intimität? Was zählt, ist, den Trends zu folgen. Deshalb sind wir auch großzügig mit dem sonnenhungrigen Brillenträger, wenn er mal mit unseren „Geheimnissen" nicht so gewissenhaft umgeht. Mit Wahrheiten nehmen wir es ohnehin nicht so genau, am deutlichsten bekam das Edward Snowden zu spüren. Immerhin brach hier der sonnenhungrige Brillenträger unsere Rechte in staatlichem Auftrag.

Aristoteles sagt, dass selbst Zwänge freiwillig sind, weil ich mich freiwillig dazu entscheide, mich dem Zwang zu unterwerfen - Freiheit ist eine Illusion geworden.

Ein gutes hat das Ganze: *Des Kaisers neue Kleider* bleibt zeitlos. Mit zwei Unterschieden:

Erstens ist nicht unser Körper entblößt, zweitens wissen wir um unsere Nacktheit.

Es scheint uns nur nicht viel auszumachen, wir bezahlen sogar dafür.

Julia, halte dich am besten von Männern fern und kümmere dich um dich selbst. Kriege einen klaren Kopf, achte auf dein Studium. Und lass dich von keinem ausnutzen oder dir vorschreiben, was du zu tun hast. Verdiene dir etwas Besseres. Und melde dich nicht mehr bei mir.

Ich tippe auf *Senden*.

Dieses Mädchen tut mir leid. So sehr verzerren wir uns nach etwas besonderem, nach einer Bestätigung - vielleicht ist es aber auch ein sehnsüchtiges Dürsten nach etwas Zuneigung, ein wenig Geborgenheit. Selbst wenn es nur der Schein einer solchen wäre.

Alles hat man künstlich und plastisch finden können, aber ich befürchte: Diese Suche ist vergeblich, Liebes.

Mittwoch

„Boa, ich hoffe, wir schaffen es noch rechtzeitig zum Luke!". Ich werde aus meinen Gedanken gerissen, als ein junger Mann und eine junge Frau in den Bus steigen. Gemeinsam tragen sie einen Bierkasten, in der anderen Hand halten sie die Tüten es guten Gewissens, oder wie sie gemeinhin heißen, Öko-Tüten.

„Ach", winkt die junge Frau mit einem Blick auf ihre Uhr ab: „Das schaffen wir bestimmt". Der junge Mann schüttelt genervt den Kopf: „Hätte der das Seminar mal rechtzeitig beendet, hätten wir es auch rechtzeitig geschafft!".

Aus der Tüte lugen Süßigkeiten hervor, wäre es nicht so früh - 17.33 Uhr - würde ich meinen, sie gingen zu einer sog. „Hausparty". Ich will mir gerade die Kopfhörer einsetzen, als die Dame meint: „Die sollen sich nicht so anstellen und auf uns warten! Das ist doch das Geile an Netflix - ey, dafür liebe ich es auch so sehr - man kann sich frei entscheiden, wann man schauen will".

Überrascht hebe ich die Augenbrauen, damit habe ich nun wirklich nicht gerechnet.

„Ja, aber du weißt doch, wie der Malte ist...", meint der Junge verlegen. Das Mädchen fällt ihm energisch ins Wort: „Wir zahlen alle einen Anteil des Abos, also...".

Es ist eine Sache, dass der hässliche Ausdruck „geil" verwendet wird. Daran hat man sich wohl oder übel gewöhnt, was eigentlich (derbe) übermäßige sexuelle Lust bezeichnet, wird dieser Tage in Bezug auf alles verwendet, das einem wohlgefällt, selbst wohlschmeckendes Essen. Aber mit Netflix in einem Satz „frei" und „liebe" zu verwenden, das ist zu viel des Schlechten. Ich setze die Kopfhörer ein und betrachte die vielen riesigen Gebäude, an denen der Bus vorbeifährt.

Mir kommt ein Zitat von Lenin in den Sinn, das einzige, was ich mir von ihm gemerkt habe: Jede Revolution beginnt bei der Sprache. Der unachtsame Umgang mit Sprache äußert sich nicht nur in einer stetigen Verkleinerung des Wortschatzes und der falschen Verwendung von Begriffen, wie man an Schulen und Universitäten sieht, es bleibt auch nicht bloß bei der Flucht in schwammige Fremdwörter, wie man an Politikern und Geisteswissenschaftlern beobachten kann. Ich glaube, dass mit der Verwirrung in der Sprache auch eine Verwirrung im Geist zusammenhängt: Wer sich nicht seiner Wortwahl bewusst ist, dem bleiben auch die Wirkungen und Hintergründe seiner Wortwahl verborgen. Mein Blick fällt auf die beiden Besorgten. Es kommt nicht von ungefähr, unmenschliches, gefühlloses und unwirkliches mit menschlichen, gefühlsmäßigen und gewissermaßen realen Bedeutungswert besitzenden Worten zu beschreiben. Die virtuelle Welt mit solchen Begriffen zu beschreiben, mit denen Teile der sinnlich wahrnehmbaren Welt verbunden werden, bedeutet, die Grenze zwischen virtueller und sinnlich wahrnehmbarer Welt zu verklären. Die virtuelle Welt kann so als Teil der wirklichen Welt betrachtet werden, während jedoch umgekehrt die wirkliche Welt entwirklicht wird: Die Aufwertung des Scheines zieht die Abwertung der Wirklichkeit nach sich. Aber zunächst muss ich die Aufwertung verstehen.

Mir kommt das Interview mit einer Soziologin in den Sinn, in dem es darum ging, wie die Arbeit zum lebensbestimmenden Element werden konnte. Sie meinte, dass die Arbeit solche Dinge, wie Familie, Ehe oder Privatleben nur deshalb ersetzen oder wenigstens sich unterordnen konnte, weil aus einer ehemals als notwendigem Übel verstandenen, aus der lebensermöglichenden Tätigkeit die dem Leben gerade Bedeutung verleihende, die eigene Person entfaltende Selbstverwirklichung geworden wäre. Denn Formulierungen, wie „ich *liebe* meine Arbeit" seien neu, Fragen wie „Wähle den Beruf, den du *lieben* kannst" hätte es vorher so nicht gegeben: Liebe hätte man eher in Bezug auf persönliche, intime Bezüge verwendet, z.B. die Ehe. Diese stattfindende Bedeutungsverschiebung bedeute zwar für die Arbeit Bedeutungsgewinn, für die Ehe jedoch einen Bedeutungsverlust. Mir geht ein Licht auf: Sagt man heutzutage Liebesbeziehung oder Partnerschaft?

Unterdessen kommen wir an einer Bushaltestelle vorbei, an der ein Werbeplakat eines Streaming-Dienstes hängt: *Die ersten 30 Tage kostenlos streamen, jederzeit kündbar*!

Ich verstehe, dass dies auch in diesem Kontext gilt. Es ist kein Geheimnis, dass die Werbung bewusst mit Begriffen, wie „frei", „liebe", „Glück", etc. arbeitet, um den Konsumenten an sich zu binden. Dazu braucht man nicht das Buch von Edward Bernays, dem Kopf hinter der PR (Public Relations), zu kennen. Aristoteles würde schon genügen, um zu verstehen, welcher Trick sich dahinter verbirgt. Aber erst seit dem namentlichen Verweis auf Bernays sind es Gedanken, die auszusprechen erlaubt ist. Der Konsument wird emotional angesprochen, es wird an seine Träume und Wünsche angeknüpft, seinen Sehnsüchten eine Projektionsfläche geboten. Auf diese Weise sind die neuen Schuhe nicht mehr bloße Wunschobjekte, sondern sie erscheinen als Grundbedürfnis. Ich runzle mit der Stirn.

Es sind nicht die Gegenstände…

Es ist ihr Kauf: Auf geschickte Weise pervertiert Bernays des Aristoteles' Hinweis, dass Menschen mit Ausnahme der Glückseligkeit nichts als Selbstzweck erstreben, sondern sich immer etwas anderes daraus/damit versprechen. Bernays schreibt, dem Konsumenten gehe es nicht um die Ware oder ihren spezifischen Wert, vielmehr stünde sie selbst als ein Symbol für etwas. Mit ihrer Hilfe versuche der Konsument, seine unterdrückten Wünsche und Sehnsüchte zu kompensieren. Das Auto ist nicht einfach Mittel des Transportes, sondern z.B. ein Statussymbol,. Dieses Modell lässt sich übertragen: Die veganen Produkte sollen nicht die Umwelt retten, sondern dem eigenen Handeln eine Bedeutung geben, die Zugehörigkeit zur neuen sinnträchtigen Bewegung gewähren, usw. Bernays ließe sich so zusammenfassen: Aus dem Wünschenden wird ein Bedürfender, aus dem Bürger ein Konsument deformiert.

Freilich bleibt es nicht bei einer einseitigen Einwirkung, wie wir dank Aristoteles wissen. So passiert nicht nur, dass unwirklichen Gegenstände *scheinbar* wirklich erscheinen, sondern diese Begriffe im Gegenzug durch die Verwendung in Bezug auf unwirkliche Dinge hohl werden: Wenn ich einen heißen Gegenstand mit einem Kühlkissen etwas kühlen möchte, werde ich in Kauf nehmen müssen, dass das Kühlkissen sich erwärmen wird. Wie also Begriffe mit ihrem Bedeutungsgehalt einem Gegenstand neue Bedeutungszusammenhänge ermöglichen, wird der Gegenstand den Horizont der Bedeutungsmöglichkeiten eines Begriffs entweder schmälern oder ausweiten: Wenn ich mir von Schuhen persönliche Selbstverwirklichung verspreche, wird „Selbst" und „Person" zu etwas, das sich über materielle Dinge profilieren lässt.

Damit nicht genug. Betroffen sind auch jene Dinge, die man auszudrücken versucht: Wenn ich einen Schokoriegel lieben kann oder ein Energy-Getränk mir Freiheit verleiht, vermag weder die Liebe, noch die Freiheit etwas bedeutsames sein: Sie verlieren ihr Gewicht, erscheinen als etwas, das man leicht und überall erwerben könne. Für Thomas Mann konnte ein Schriftsteller nur ein Schöpfer sein, um ein Schöpfer zu werden, müsse man zuvor gestorben sein. Heutzutage muss man bloß die Marktlogik verstehen.

Die Serien und Filme können uns nur für sich gewinnen, wenn sie uns bieten, wonach wir suchen. Mein Blick fällt auf die Beiden vor mir, beide nebeneinander stehend, aber vertieft in ihren Smartphones, weil es bietet, was der andere nicht zu bieten vermag.

Wer selten fernsieht, der verspürt seltener das Bedürfnis, was wiederum bedeutet, dass es sich um zweitrangige Bedürfnisse handeln muss. Denn was wir nur nebenbei wollen, das kann uns nicht so wichtig sein. Wer jedoch regelmäßig fernsieht, der sucht, regelmäßig empfundene Bedürfnisse zu befriedigen. Dann kann es nicht mehr bloß darum gehen, mal einen Filmabend mit der Liebsten zu machen (wovon ich übrigens ganz dringend dieser Tage abrate…). Wird nicht deshalb der regelmäßige Filmabend mit dem Partner als Anzeichen für den Niedergang der Beziehung betrachtet? Der andere scheitert in dem Erfüllen grundtiefer Bedürfnisse und Sehnsüchte so grandios, dass es nicht einmal eines anderen Menschen, sondern bloß eines Gerätes zur Kompensation bedarf. Oder wir hegen Bedürfnisse, die so oberflächlich sind, so dass das Gerät genügt…

„Verzeihung, ist der Platz frei?“.

Ich schweife ab. Wie sehr ich dem Typ Geisteswissenschaftler dieser Tage ähnele!

Wer jedoch regelmäßig fernsieht, der sucht, regelmäßig empfundene Bedürfnisse zu befriedigen. Dies ist eine der beunruhigenden Erkenntnisse. Denn wenn wir bei Aristoteles bleiben und immer die beiden Seiten der Medaille betrachten, muss uns folgendes klar sein: Wie die Beiden vor mir ihre Wünsche, Träume und Begehrlichkeiten projizieren, reflektiert das Fernsehen die Art und Weise, ja die Möglichkeiten dessen auf sie zurück. Ich trage z.B. meinen Wunsch eines zwanglosen und abwechslungsreichen Lebens vor, das Fernsehen bietet mir eine ganze Palette an Möglichkeiten, wie dieses *zwanglos* und *abwechslungsreich* aussehen könnte. Unterschiedliche Genres, unterschiedliche Formate, unterschiedliche Drehbücher. Suchen sie Aufregung und Heldentaten? Das Genre „Action". Suchen sie die Liebe? Romantik! Sind sie überzeugt, dass es keine Liebe gibt? Genügend Serien, die immer dieselben Stationen ablaufen. Wollen sie vor der Realität fliehen und sich dabei etwas klüger fühlen? Science-Fiktion! Sind sie Türken und haben sich von dem Niedergang des osmanischen Reiches nicht erholt? „Historische" Serien!

Ich wende meinen Blick ab.

Das Fernsehen beeinflusst unbemerkt, was ich von „Liebe" oder „Heldentaten" halte. Und der unreelle Charakter sorgt einerseits dafür, dass die Dinge selbst für mich unreell werden: Ein *Happy End* wird zu etwas, das in den kitschigen Hollywood Streifen gehört, während andererseits Dinge für mich selbstverständlich und real werden: Wenn jeder Film davon handelt, wie gierig und böse die Menschen sind, erscheinen die Menschen um mich herum gierig und böse. Und weil es eben so ist, wird es auch irgendwie normal. Wenn jeder Film davon handelt, dass Frauen, wie Freunde Geld und Macht über „das Innere" und Loyalität halten, dann werden Frauen und Freunde für mich zu potentiellen Gefahren. Und weil es eben so ist, wird es auch irgendwie normal. Aus Freundschaft wird eine brüchige Interessenbeziehung.

Die eigentliche Tragödie besteht jedoch darin, dass wir nicht mehr das eigene Leben leben. Entweder verlieren wir den Bezug zum eigenen, entwirklichten Leben, so dass wir mit den Helden in gerade zufällig angesagten Endzeit-Szenarien bei der Weltrettung mitfiebern, der eigenen jedoch mit Schulterzucken begegnen. Wir diskutieren darüber, wieso der Held zum Sieg über die Ungerechtigkeit seine Familie verlassen oder böse Mittel verwenden durfte, während die tatsächlichen Ungerechtigkeiten des wirklichen Lebens unserem Konsumwahn hoffnungslos unterliegen. Oder wir hegen zwar noch immer einen engen Bezug zur Wirklichkeit, aber nicht mehr zu uns selbst. Dann ahmen wir dem erfundenen, unwirklichen Leben erfundener, fiktiver Figuren nach. Nicht Menschen aus Fleisch und Blut sind unsere Vorbilder, sondern von Menschen mit Fleisch und Blut dargestellte Figuren. Kann es denn keine Konsequenzen haben, wenn wir Dar-steller dafür anhimmeln, dass sie eine Maske aufsetzen, sich verstellend etwas anderes darstellen? Je besser sie darin sind, desto größer der Applaus: „In der Rolle aufgehen", nennt man das gemeinhin. Plötzlich verliert das Darstellen von etwas anderem, das sich-Verstellen seine anstößige Wirkung. Galt man vorher als authentisch, weil man seiner eigenen Persönlichkeit gemäß sich verhielt, ist man es nun, wenn man am besten die zugewiesene Rolle anzulegen weiß. Der Unterschied:

Im ersteren Fall richte ich mich nach meinem eigenen Inneren, im letzteren Fall richte ich mein Inneres nach dem Äußeren.

„Wir können ja wohl nix dafür, wenn der Typ vorne länger spricht! Wir sind doch gleich da".

Wäre ich ein Philosoph, müsste ich mir bestimmte Ausdrucksformen überlegen, die gehoben klingen und Eindruck schinden.

Ich sehe die Beiden an -

Nennen wir das Fernsehen doch eine zweiseitige Entfernung, die Handlung Fernsehen ein zweiseitiges Entfernen: Zum einen fasst es das Entfernen von der empirischen Welt, zum anderen das Entfernen von der eigenen Person.

Klingt das philosophisch genug?

Nein, zu wenig Fremdwörter!

Dienstag

Wie jeden Morgen der vergangenen drei Wochen, bringe ich meine kleine Schwester zum Kindergarten. Ich sehe ihren goldenen Locken nach, während ich sie im Wettrennen zur Tür gewinnen lasse.

Es sind diese winzigen Augenblicke, die ein ganzes Leben rechtfertigen. Dies ist ein Augenblick, der Jahre der Hingabe, Fürsorge und Mühe verpuffen lässt. Mir ist, als hätte die Welt aufgehört, sich zu drehen, als würde die Sonne aufhören, unterzugehen und die Nachtigall nie mehr verstummen - als würde dieser Augenblick mich sanft tätscheln und versichern: Die schwarzen Wolken werden sich verflüchtigen, das silberne Mondlicht wird schon bald schimmernd mir den Pfad weisen.

„Erster!", triumphiert sie. Ich beuge mich zu ihr herunter und streichele ihr eine Strähne aus dem Gesicht.

Die Zeit ist ein unerbittlicher Strom, dem sich nichts entziehen kann. In ihm entsteht, gedeiht und vergeht. Ein Strom, der vergessen macht, dass alle Tage gezählt sind. Vielleicht versuchen wir deshalb überall gleichzeitig zu sein, hasten von einem Ort zum nächsten, um sagen zu können: Ich bin da! Ich erlebe etwas Besonderes, ich tue etwas Besonderes, ich besitze etwas Besonderes, ich bin etwas Besonderes.

Doch nicht jetzt, nicht hier.

Hier, in diesem Augenblick, würde ich gerne verweilen.

Später in der Logik-Vorlesung

13:27 Uhr

Angestrengt versuche ich mich zu konzentrieren. Mathematik war noch nie mein Fachgebiet, was aber mehr daran lag, dass ich zu faul war und lieber den Unterricht aufhielt, als ihn voran zu bringen – jedenfalls fällt mir jetzt mathematisches Denken schwer, ich muss es erst mal in mir wecken. Wie sagte der Professor in der ersten Vorlesung: „Erwarten Sie nicht, dass Sie hiernach logisch denken können – das werden Sie nicht besser, als Sie es jetzt können. Es geht darum, es in Ihnen zu wecken".

Außerdem möchte ich nicht dem Trend folgen, nur in *meinem* Gebiet gut zu sein, bzw. mich nur mit dem zu befassen, was mich interessiert: *Philo-sophia*. Liebe zur Weisheit.

Ich stöhne, als der Professor jemandem gestattet, seine Gedanken mit uns zu teilen. Eigentlich sind Studenten für ihre geistige Abwesenheit bekannt. Indes wurde uns letzte Woche geboten: „Seid pingelig, achtet auf jedes Detail!" – und jetzt, in dem Versuch positiv aufzufallen, wird jede Kleinigkeit vorgetragen.

„Ja, aber daran wollen wir uns nicht aufhalten", versucht der Professor den unheilvollen Satz zu entschärfen.

Vergeblich.

Das Mädchen, welches links neben mir sitzt, fängt auf meinen Seufzer an leise zu lachen und sieht mich von der Seite her an.

Es ist ein schönes Lachen, milchweiße Zähne, gelocktes Haar, große Augen, volle Lippen.

„Die halten die Vorlesung auf", erkläre ich.

„Das sind Philosophen – die müssen sich eben an jedem Detail festbeißen!".

Und bereue es. Mit einem erzwungenen Lächeln wende ich mich wieder dem Professor zu und hoffe, dass unsere Unterhaltung bei diesen zwei Sätzen bleibt.

„Den Rest, werden wir dann morgen weiter besprechen – Bitte sehen Sie sich die Folien nochmal an, gegebenenfalls klären wir dann mögliche Fragen".

„Puh, jetzt brauche ich dringend einen Kaffee!", sie sieht mich lächelnd an.

Ich tue, als hätte ich es nicht gehört, ihr Lächeln nicht bemerkt, packe meine Sachen und verschwinde.

Donnerstag
22:55 Uhr
Zwei grauenvolle Tage.

Es gibt Menschen, die erkranken öfters, aber sie verheilen umso schneller. Mal Schnupfen, ab und zu Husten oder kurzzeitig Fieber – bei mir verhält es sich wie mit einem Krisengipfel. Er findet selten statt, aber wenn er zusammenkommt – dann findet sich alles ein, was der Winter mitzubringen weiß und mir wird

Handlungsunfähigkeit attestiert. Im Gegensatz zum Krisengipfel jedoch entledigt sich mein Körper der Schädlinge.

Schade, dass es genau in dieser Woche geschieht, so dass ich weder zur Uni fahren, noch vernünftig an meinem Essay arbeiten kann, den ich morgen abschicken muss.

Das Schlimmste aber ist die Tatsache, dass ich nicht den kleinen Nachwuchs in die Arme schließen kann, der meine Familie letzte Woche bereichert hat. Es ist eine Qual, meiner Mama zwar bei allem helfen zu können, aber nicht an der Kleinen riechen zu dürfen, sie in den Schlaf zu wiegen oder ihr etwas vorzusingen (vor allem wenn man bedenkt, dass sie mich noch nicht auf meine zum Singen unfähige Stimme hinweisen kann).

Aber da ist wohl nichts zu machen.

Die letzte Woche, in der ich Tag und Nacht für Mama und Schwester da war, meinen Vater ein wenig entlastet habe, fordert eben ihren Tribut. Familie ist etwas kostbares, kostbare Dinge haben ihren Preis. Familie ist der Fels in der Brandung, der schützende Hafen auf weiter See – Ich bemitleide Menschen, die ohne Familie verkümmern. Selbst wenn es keine gesunde Familie wäre, so gäbe es immerhin etwas, das es zu heilen gäbe. Was bleibt dem Besitzlosen?

Meine Familie ist mein Leuchtturm, ohne sie wäre ich wohl bereits sehr früh ziemlich erkaltet, die Dunkelheit hätte mich verschluckt.

Bei meiner Heimkehr bleibt die äußere Welt draußen. Nichts der angestrebten Irr(dischen)tümer bleibt, sobald ich die Augen schließe – der Gedanke an meine Familie hingegen, dieser Gedanke wiegt mich in einen sanften Schlummer. Es ist Gewissheit: Sie sind da. Die ganze Welt kann mich verbannen, mich verurteilen, mich verschmähen, mich verlassen – doch sie bleiben. Bis zum Tot.

Sie ist es, welche selbst die Vorahnung auf wiederkehrende Albträume schmälert, es ist die Familie, welche die zurückbleibende Farblosigkeit mit farbenfroher Wärme vertreibt.

Sind nicht gerade deshalb so viele Menschen depressiv und unglücklich, weil ihnen genau das fehlt?

Familie kannst du später haben, erst mal Uni hinter dich bringen,

Familie kannst du später haben, erst mal Karriere beginnen,

Familie kannst du später haben, erst mal die nächste Beförderung abwarten,

Familie kannst du später haben, erst mal die eigene Firma gründen, eine *gesunde* Familie kann ich keine mehr haben – längst ist mein Lebenssinn die Arbeit geworden. Selbstverständlich gibt es auch das andere Extremum, wenn mit Anfang Zwanzig geheiratet wird, was in unserer Zeit noch in den Bereich der Kindheit fällt. Das Sinnbild dazu ist die unreife Frucht, noch übertroffen wird dieses Übel, wenn diese Kinder zusätzlich Kinder bekommen. In beiden Fällen handelt es sich um den Bedeutungsverlust von Familie: Im ersteren Fall wird sie als Hindernis empfunden, im letzteren Fall hingegen als Schutzwall missbraucht oder zum gewohnheitsmäßigen Kulturgut degradiert.

Unsere Gesellschaft bringt mehrheitlich Einpersonenhaushalte hervor. Gewollt oder ungewollt spielt hier keine Rolle - die Statistiken belegen, dass unser derzeitiger Geisteszustand nicht in der Lage ist, mit einem Menschen zusammenzuleben, bzw. eine intime Beziehung auf Zeit und Umständen trotzenden Prinzipien aufzubauen. Welch eine Ironie: Derjenige, dessen Weltbild und Lebensart ein langfristiges Zusammenleben mit der Natur

unmöglich macht, eben dessen Partnerschaften sind überlebens-
unfähig. Vielleicht haben solche recht, denen zufolge der einzige
Partner, den wir samt Standpunkt, Bedürfnissen und Wünschen
anzuerkennen bereit seien, die eigene Persönlichkeit sei, das eigene Ego. Jede Liebesbekundung ist damit das Teilhaben an einer Illusion. Es gibt einen wesentlichen Unterschied zwischen
der Liebe und der Illusion. Der Illusion entsprechen all die rosa
Fantasien und sich selbst unterwerfenden Abhängigkeiten. Sie
ist die Projektion der eigenen Wünsche und das Ergebnis, wenn
man nicht den Blick in den Spiegel wagt, sondern um Bestätigung ringend vor den eigenen Schwächen flieht. Die Person, auf
die wir unsere Sehnsüchte übertragen, muss bleiben, auf dass
das illusionäre Luftschloss nicht verwehen möge. So sehen wir
über Fehler hinweg, ignorieren die Wahrheit über unseren Gegenüber, während wir uns insgeheim nach einer besseren Entsprechung zu unserer Wunschliste umschauen. Nach und nach
wird alles zur Routine, verstehen und vertragen tut man einander - nur nicht lieben.

Dieser Einzelne, der alles nur im Verhältnis zu sich selbst betrachtet, merkt irgendwann, wie viel verloren gegangen ist. Statt
jedoch einzugestehen und zu reagieren, stürzen sich die meisten
noch tiefer in die Arbeit, versuchen noch mehr zu verdienen, immer höher aufzusteigen und wühlen im Unglück nach dem
Glück, als würde nach der Nadel im Heuhaufen gesucht werden.

Dabei geht verloren, womit vielleicht einiges hätte wiederent-
deckt werden können.

Nein, hier würde eher das Gleichnis vom Strohhalm im Nadel-
haufen passen: Der Strohhalm selbst eine Attrappe, um dessen
Willen unzählige sich Wunden zufügen, um in einer die Hand

vor die Augen haltenden Welt materiell gut dazustehen. Bedauernswert ist, dass nicht nur den Menschen auszeichnende Merkmale einer ausblutenden Wunde gleich langsam absterben, sondern das auf materialistische Objekte und niedere Gelüste herabgesetzte Glück unmöglich wird.

Die Konsequenz: Wir können nur unglücklich werden, während wir eigentlich versuchen, glücklich zu sein.

Wenn „glücklich-Sein" sich von „zufrieden-Sein" unterscheidet, dann müssen sich ebenso Zufriedenheit und Glückseligkeit sich dem Wesen nach voneinander unterscheiden:

Zufriedenheit ist ein Zustand, der vergänglich ist: „Ich bin zufrieden mit meiner Stelle und meinem Einfamilienhaus. Ich bin zufrieden mit meinem Partner, mit dem wir uns die Kosten für den Haushalt teilen.". Dieser Zustand vergeht, wenn er nicht auf die Weise funktioniert, wie ich ihn haben möchte oder der unabwendbare Prozess der Gewöhnung zur Vollendung gelangt. Also nach der nächsten Ration umschauen, das Verlangen muss schließlich gestillt werden. All diese Dinge, die unsere Zufriedenheit steuern, können demnach von *außen* beeinflusst werden. Dieser Seins-Zustand ist an Bedingungen geknüpft, die äußere Objekte betreffen. Glückseligkeit hingegen ist kein vergänglicher Zustand – es ist ein Dauerzustand, der *nicht* durch vergängliche Gefühlszustände wie Trauer, Wut, etc. verändert werden kann. Glückseligkeit ist nicht abhängig von äußeren Objekten, sondern bildet sich völlig aus unserem Inneren - Seele, Geist, Herz - heraus. Selbstverständlich gibt es einen Bezug zum Äußeren, die Güter des Äußeren können förderlich wirken. Aber sie sind nicht notwendig: Ein mit Gesundheit und Wohlstand bedachter, innerlich leerer Mensch ist eine schön eingekleidete, leere Hülle, wie unsere Großstädte der Fassade nach bunt, faktisch jedoch grau und geistlos sind. Wir halten fest: Geistiges Wohlbefinden ist notwendig, biologisches und materielles dagegen bloß hinreichend.

Güter der Zufriedenheit repräsentieren Bedürfnisse aus vergangener Zeit, die sich unserem Zeitgeist gemäß der Form nach anders ausdrücken – nichtsdestotrotz richtet sie sich an *äußere* Bedingungen. Verlangen nach Ruhm und Wohlstand, wenigstens Gesundheit begleiten uns seit jeher. Richte ich mich jedoch nach dem Äußeren, wird mir selbst die Familie nicht genügen. Was ich mit dem Ziel der Zufriedenheit entwürdige, muss sich immer am Maßstab des Äußerlichen, der anderen bemessen. Wohingegen eine von Lastern und Bösem reine Seele, ein ausgeglichener Geist die *inneren*, notwendigen Bedingungen, sind: Die Werkzeuge, mithilfe derer sich am Glück arbeiten lässt.

Wenn ich jedoch dies akzeptiere und meinem armseligen Kartenhaus dabei zusehe, wie es zusammenfällt - was bleibt mir noch? Durkheim schreibt, dass der Weise, welcher sich am Erreichten zu erfreuen weiß, darin etwas findet, woran er sich klammern kann. Er wird nicht von den Fragen, *was habe ich, was bin ich, was bleibt mir*, gequält, weil ihre Geschenke weder messbar, noch greifbar, folglich raubbar sind: Brauen sich die dunklen Wolken am Horizont zusammen, findet der Glückselige Zuflucht und Wärme. Denn Glückseligkeit bedeutet, dass man sich am Gegenwärtigen erfreut, statt um des Vergangenen wegen zu trauern oder sehnsüchtig nach dem Zukünftigen Ausschau zu halten.

Ziele der Zufriedenheit, hingegen, können sich der Vergänglichkeit nur so lange erwehren, wie sie auch zukünftig bleiben. Warum das Begnügen mit Zufriedenheit ein Fluch ist, zeigt sich wohl daran: Wenn Reichtum über den Besitz von einer Millionen Euro definiert wird, muss ich für eine ständige Zufuhr von Geld sorgen und dementsprechend meine Ausgaben regulieren, um diesen vergänglichen Zustand ''reich ''zu halten – genauso verhält es sich mit der Zufriedenheit. Sie verlangt ständige Fütterung, um erhalten zu bleiben, oder wenigstens eine Illusion ihrer selbst: Zufriedenheit gleicht einem wachsenden Ungeheuer, das immer schneller nach immer größere Rationen verlangt. Heute bedeutet wohlhabend Sein eine Million zu besitzen, morgen sind es zwei. Heinz schuftet für das abbezahlte Einfamilienhaus - fehlen Ferienhaus und Jet-Ski, zuckt Wolfgang nicht einmal mit der Wimper. Gilt nicht selbiges in Bezug auf die Familie: Sehe ich in ihr den Sinn meines Lebens, oder teile ich mit ihr meinen Lebenssinn? Macht das denn gar keinen Unterschied? Wenn ich zwei gesunde Kinder und eine *funktionierende* Ehe habe: Ist da nicht diese schleichende Stimme, welche fragt: Und jetzt?

Weil *funktionierende* und *erfüllende* zwei grundverschieden Dinge beschreiben.

Funktionierend und *Erfüllend* beschreiben zwei grundverschieden Dinge beschreiben. Hinzu kommt, dass ein der Zukunft nach gerichtetes Leben, nicht den Problemen der Gegenwart erwehren kann. Die Güter der Zufriedenheit, welche ich mir von der Zukunft verspreche, sind in der Gegenwart abwesend. Aus der Vergangenheit kann ich auch keine Unterstützung erhoffen, da auch diese lediglich eine Abfolge von Stationen fasst, auf dem Weg in die glorreiche Zukunft. So stehe ich dar, hinter mir vergeudeten Jahre, vor mir die Ergebnislosigkeit einer Jagd nach erfüllender Zufriedenheit oder das Dahinvegetieren eines um der Nähe von Glückseligkeit unwissenden Körpers. Wie schreibt Durkheim in seiner Studie über den Selbstmord: *„Es ist weder im Vergangenen, noch im Kommenden ein fester Punkt, an den er sich halten könnte"*. Selbst die Familie wird keinen Trost zu spenden wissen, sofern der Blick getrübt von Zufriedenheit die eigene Hand vor dem Gesicht nicht zu sehen weiß. Was bleibt, wenn sie mir genommen wird? Was fängt mich auf, wenn ich alleine vor dem Abgrund stehe?

Die Glückseligkeit ist anders, bereits der Weg zu ihr ist erfüllend, behaucht mit den Düften des Unvergänglichen. Seine Bestreiterin ist, welche wenigstens in unmittelbarem Bezug zu mir steht: Meine Seele. Leidet sie am Gebrechen des unmenschlichen, so bekommt alles einen faden Geschmack, kommt auf jenes berühmt-berüchtigtes Unbehagen. Erreicht sie das Stadium der Unheilbarkeit, so bleibt zurück eine bodenlose Leere. Ein sinnloses vor-sich-hin existieren. Der Anfang dieses Verfalls ist von der Zufriedenheit zu erhoffen, was nicht in ihrem Wesen liegt.

Aber ich verliere die Lust, weiter darüber nachzudenken. Wie ermüdend war die Auseinandersetzung mit Mustafa - der von sich sagen würde, er sei ein überzeugter Gottesanhänger - als dieser energisch darauf beharrte, eine nie endende Zufuhr geistlos-äußerlicher Güter könne Glückseligkeit bedeuten: „Jeder Mensch ist anders!", hatte er mir entgegengehalten.

Zurück zur Familie: Der Begriff selbst erfährt schon, so scheint mir, eine ungeheure Entwertung. Es spielt keine Rolle, ob ich an Unterhaltungen in der Schule denke, Vorträge unserer Lehrer oder die Mentalität an der Uni. Der alte Geschichtslehrer sprach immer von der „traditionellen Familie, wie es sie heute nicht mehr gibt".

„Um Familie kümmere ich mich später, wo leben wir, Alter!", folgerten Jan und Hamid. Das *Worumwillen* ist entscheidend bei der Beurteilung des Charakters eines Handelnden. Wenn ich aus Protest gegen Massentierhaltung bewusst auf bestimmte Produkte verzichte, so ist das lobenswert - nicht jedoch, wenn es mir um die Kalorienzufuhr geht. Weshalb verzichten also Jan und Hamid?

Wenn ich mich bewusst für eine Veränderung der Lebensweise einsetze, weil ich mir über den Bezug zwischen Mensch und Natur im Klaren bin, den materialistischen und geistlosen Grundsätze der Moderne und des Kapitalismus ablehne, d.h. wenn ich mir vorher gründlich Gedanken gemacht und Rat bei Sachkundigen eingeholt habe, dann ist das in der Tat lobenswert. Wenn ich jedoch auf Sinnsuche bin und das breite Angebot des Marktes mir nicht genügt, ich mich selbst in sozialen Netzwerken inszenieren und profilieren möchte, dann mag die Handlung an sich zweckdienlich sein, mir hingegen gebührt kein Lob. Weshalb setzt sich also Klara für den Naturschutz ein?

Es gibt einen Unterschied zwischen Handlungscharakter und dem Charakter des Handelnden.

Deshalb wird einem nicht gesagt, man solle auf die Familie aufgrund der Familie, sondern auf die Familie als Element des Traditionellen verzichten. Denn das Traditionelle ist eine Gefahr für das Moderne. Mit *traditioneller* Familie ist nicht nur der Haushalt bestehend aus sechs Kindern, Alleinverdiener, sowie Oma und Opa gemeint – sondern mit traditioneller Familie ist auch eine Familie gemeint, in der es nicht um Hochleistungen geht, in der die Kinder nicht schon nach sechs Monaten in die Kindertagesstätte geschickt werden: Das Kind lieben, weil es ermöglicht

Mensch zu sein und nicht, weil es sich durch Leistungen jeglicher Art auszeichnet – aber wie soll geliebt werden, wenn nicht
einmal mehr geliebt werden *kann*?

Vor allem aber: Wie das Kind nicht als einen Stichpunkt auf der
To-Do Liste des Durchschnittsbürgers betrachten, wie im Kind
nicht bloß die Zukunft der Rentenkasse sehen?

Mit traditioneller Familie ist auch eine Familie gemeint, in der
der Säugling nicht mit dem Fläschchen, sondern mit der Mutter-
brust gestillt wird, in der alles, ob materiell oder nicht materiell,
geteilt wird – traditionelle Familie meint gewisse Grenzen und
Respekt, der den Eltern entgegengebracht werden *muss*. Indes
ist dies ebenso eine Eigenschaft, die immer mehr verloren geht:
Ein Pflichtbewusstsein über die geistigen, nicht äußerlich zur-
Schau-darstellbaren Pflichten. Selbst wenn man schon nicht die
Frau liebt, die einen neun Monate lang im Bauch trug und im
wahrsten Sinne das Kind unter dem Herzen trug:

Denn die Mutter teilt nicht ihre Freude im Sinne des Mitteilens,
sondern die Mutter teilt mit ihrem Kind ihre Freude in dem
Sinne, als dass sie den größten Teil der Freude in dessen Herz
legt. Es mag schön sein, eine gute Nachricht mit jemandem anderem zu teilen, aber weitaus inniger ist es, mit jemandem einen
Laib Brot zu teilen. Am innigsten ist es, das dem eigenen Herzen
am nächsten zu teilen: Die Freude, das Glück. Gerade dieses Teilen beschreibt die Beziehung zwischen Mutter und Kind aus
meiner Sicht nicht ganz falsch. Vielleicht ist *teilen* unter einem
Gesichtspunkt etwas unpassend – denn es weckt den Anschein,
als gäbe es zwei getrennte Teile. Muttersein bedeutet jedoch
Einssein: Sie sagt nicht mehr „ich", sondern bildet mit ihrem
Kind eine Einheit. So muss man sie wenigstens respektieren,

weil man es ihr schuldig ist (solange sie keine selbstsüchtige, eifersüchtige und verlogene Beißzange ist). Allerdings frage ich mich, ob ein solches Pflichtbewusstsein, ohne die Fähigkeit zu lieben, überhaupt möglich sein kann?

Mir fällt auf, dass ich noch weiter zurückgehen muss: Das Wort "traditionell" selbst ist schon behaftet mit allem, was wir ablehnen. Ob es die Besinnung auf die eigene Spiritualität betrifft, 'Platons Staat' zu lesen oder Dinge zu tun, die zwar keinen Spaß machen, aber nun mal erforderlich sind, wie z.B. lesen und recherchieren, statt mit Halbwissen auf sozialen Netzwerken sinnlose Diskussionen zu führen, sich an Menschen mit mehr Wissen orientieren und das eigene Profilierungsbedürfnis zurückzustellen, statt sich in der Gesellschaft der Geringwissenden selbst zu blenden. Alles, was mich von Spaß, Konsum oder Karriere abhält, mich an Prinzipien oder Ideale bindet und meinen Sinnes-Lüsten Grenzen setzt, ist *traditionell*. Alles, das den mit „Ich" anfangenden Satz mit einem Fragezeichen, anstelle eines Ausrufezeichens versieht, wird als *traditionell* in die Ausstellung des Vergangenen, genannt „Geschichte", abgeschoben (und weil in diesen Tagen niemand mehr Ausstellungen besucht, bemerkt auch keiner, dass von Kant und Rawls bis hin zur Idee des Sozialstaates, ja alles nützliche, nicht eigene Ideen, sondern großzügige, nicht als solche gekennzeichnete Kopien einzelner aristotelische Elemente sind). Von Werten sprechen, bedeutet, *idealistisch*, auf die wahre Liebe warten, *naiv* zu sein. Wie sagte ein ehemaliger Lehrer, der nebenher an der Universität zukünftige Lehrer ausbildet: „Ich wette mit Ihnen, dass wirtschaftliche Gründe ausschlaggebend bei Ihrer Partnerwahl für die Ehe sein werden". Recht hat er, aber ist die Ursache dieses Zustandes, dass der Mensch an sich nun mal so wäre, oder der zum materialistischen Konsumenten umerzogene Mensch gemäß Marktkriterien funktioniert?

Der einzige "traditionelle" Begriff, der in der Schule wohlwollend mir übermittelt wurde, lautete "Hedonismus".

Kein Grund zum Aufatmen, man sollte eher seufzen! Denn der auch noch falsch!

„Du bist aber ein wahrer Hedonist!", sagte ein ehemaliger Lehrer lachend zu einem Schüler, der auf der Abschlussfahrt überschwänglich getrunken und die Erzeugnisse der Cannabis Pflanze genossen hatte (sie nannten es „philosophieren"). So einen nannte er Hedonist. Zu dumm nur, dass der Begriff falsch benutzt wird: Denn maßlose Triebhaftigkeit gehörte zu jenen, die Epikur als „niedere Gelüste" verurteilte und von sich wies. Er spricht von…

Ach, wer kümmert sich um Details?

Bis zum Jahr 2020 sollen Depressionen die zweitgrößte Volkskrankheit auf der ganzen Welt werden, jede achte Krankschreibung besaß allein bis 2013 psychisch kranken Hintergrund, immer mehr Erwachsene flüchten sich vor ihrem trostlosen Dasein in Videospiele, die USA („Hüterin der Demokratie") bringt einen bücherverachtenden Mann mit antidemokratischer Haltung an die Spitze der Regierung, international herrscht ein Wettbewerb darum, welcher Staat die lukrativsten Bedingungen für von der Droge des Immer-mehr betäubten globale Konzerne schaffen darf, weibliche Popstars müssen sich entblößen, Zügellosigkeit demonstrieren und von sie schlecht behandelnden Männer schwärmen, um Erfolg zu haben (bei Homer gab es die wehrlose Helena, die von ihrem Mann schlecht behandelt wurde und mit dem sanften Jüngling Paris floh, während die heutige, wehrhafte Helena, bestenfalls nur im Traume ihrem teuerst Entmannten Paris in die Arme des „starken Mannes" Menelaos entflieht) und mit dem Ausdruck ''Sex'' wird ein billiges Produkt benannt, das an jeder Ecke oder auf jedem Smartphone mit Internetverbindung zu haben ist –

Tja, das habt ihr davon, dass ihr des traditionellen Platons traditionellen *Staat* eben nicht zweimal lesen wolltet.

Samstag

Zugfahrten sind nicht besonders erfreulich. Es beginnt damit, dass Pünktlichkeit mit Füßen getreten wird.

Keine Sorge, ich fange nicht von den deutschen Tugenden an. Wie die Türken vom einst nahezu bürokratischsten und ordnungstechnisch penibelsten Reich zum chaotischsten und unverlässlichsten Beispiel für realitätsverweigerndes Schwelgen in längst vergangener Vergangenheit geworden sind, hat es auch mit den Deutschen und „ihren" Tugenden angefangen. Vielleicht sollte man es gleich wie die Amerikaner machen: Grobschlächtigkeit und Extreme, Waffen und *Fast Food* nach Außen auftragen, so dass eine Minderheit von der rohen Mehrheit in Ruhe gelassen sich in allen Bereichen bis stetig verbessern kann. Diese Zeitbombe wird zwar irgendwann hochgehen, aber eben *irgendwann*…

Ich blicke auf die vorbeiziehende Landschaft und vermeide es dieses Mal, die Leute zu beobachten. Wie lange wird uns dieser grüne Anblick noch erhalten sein? Es ist bezeichnend, dass mit der Verrohung des Menschen und Unfruchtbarkeit der Philosophie auf unfassbar skrupellose Weise die Natur zerstört und durch leblose, mechanische Objekte ersetzt wird. Aristoteles lehrt, dass nur der verstehen kann, der Rat in der Natur sucht: Wer die Seele erkunden möchte, der müsse Naturwissenschaftler sein. Die Natur klärt den Blick, sie versinnbildlicht die Verwirklichung des Wesentlichen, die Schönheit des Notwendigen, die Strenge des Nüchternen. Ehrfurcht lehrt sie den Staunenden. Die muslimischen Denker haben einen solch engen Bezug zur Natur gepflegt - bis auf die Schriften des Lao-Tse, stellt keine andere heilige Schrift meines Wissens den Bezug zur Natur so häufig her, wie der Qur'an - dass sie von Anhängern anderer monotheistischer Religionen in polemischen Auseinandersetzungen als Naturreligion abgetan wurden.

Ich möchte ihrem Vorbild folgen, wende mich von der Gesellschaft ab und der Natur zu, lasse mich von meinen Gedanken forttragen.

Alles Weltliche ist unvollkommen – es gibt ungeheuer viel Leid, so viel Böses, so viele Fehler begehen wir, so oft zeigen wir Schwäche – aber es gibt auch so viel Schönes, so viel Gutes, so viele Menschen, die wir glücklich machen, so oft beweisen wir Stärke – Alles Weltliche ist unvollkommen.

Aber ist das ein Grund, die Welt zu verurteilen?

Ich erinnere mich an Sartre, wie fasziniert ich als vierzehn Jähriger von seinem „*Ekel*" war. Mir kommt Bukowski in den Sinn, von dessen Nihilismus ich angezogen wurde.

Die *Theodizee Frage* – mit ihr wird jeder Schüler im Ethikunterricht der zehnten Klasse konfrontiert. Die Antwort meint der sonst nur in Fußball und Schuhen interessierte Sebastian zu wissen.

Wenn es Gott gibt – wieso gibt es dann so viel Übel auf der Welt? Weshalb greift dieser gute und allmächtige Gott nicht ein?

In der Schule wollen sie uns immer weismachen, die Aufklärer hätten Religionen gegenüber wenig übriggehabt und würden nicht an Gott glauben. Davon abgesehen, dass keiner der Begriffe der Aufklärung ohne das christliche Erbe sich ergäbe und ein Großteil, wie Descartes und Kant, Gott als notwendige Voraussetzung zur Möglichkeit ihres Vernunftbegriffs verstanden, hat Gottfried Wilhelm Leibniz, der sogenannte „Fürst der deutschen Aufklärung", die Theodizee-Frage auf eine, der schulischen Lehre zufolge „nicht-aufklärerische" Weise verstanden und beantwortet. Tatsächlich ist nach ihm die Formulierung dieser Frage bereits die Rechtfertigung Gottes selbst!

Schritt für Schritt: Leibniz unterscheidet 3 Arten des Übels, die Unvollkommenheit der Welt, den physischen Schmerz und das Böse. Dabei meint er, wenn Gott etwas vollkommen Absolutes, völlig frei von allen Übeln Seiendes gewollt hätte, hätte er sich selbst verdoppeln müssen. Denn da nur Gott vollkommen sei, wäre auch einzig er vollkommen gut - da alles, das nicht Gott ist, dadurch unvollkommen sei, könne es per definitionem bloß teilhaft eine Eigenschaft hegen können. Gott schuf, Leibniz zufolge, demnach etwas unvollkommenes, weil einzig er vollkommen ist. So auch die Welt. Der physische Schmerz geht Hand in Hand damit – bewege ich mich in der Welt, birgt es immer das Risiko von Schmerz in sich. Wie oft habe ich mir bereits den Fuß angestoßen?

Übrig bleibt das moralische Übel, welches wohl am meisten Kopfzerbrechen verursacht. Wie kann Gott zulassen, dass eine ganze Nation sechs Millionen Juden vergast?

Wo ist Gott, während Menschen mit deutschen Gewehren auf Menschen schießen, wo ist Gott, während der Eine mit dem

Trinkwasser des Anderen seinen Pool auffüllt, wo ist Gott, während eine ganze Nation sich von einem Diktator und seinen paar Tausend Soldaten knechten lässt oder der kleine Paul, vertieft in seiner virtuellen Welt, im zarten Alter von einem Auto überfahren wird?

Das moralische Übel, so argumentiert Leibniz, ist der Preis für die Freiheit des Menschen. Gott hat das Böse nicht gewollt – es aber nicht zuzulassen, würde bedeuten, dem Menschen die Freiheit zu rauben.

Apropos Freiheit – was ist die uns überhaupt noch wert? Wir können nicht ohne unser Smartphone ins Badezimmer, fehlen soziale Netzwerke, sterben unsere sozialen Kontakte und wenn es Google nicht gäbe, müssten wir für jede Kleinigkeit *selbst* grübeln oder Bücher aufschlagen (*Flirten leicht gemacht* und *Abnehmen in kürzester Zeit*, sowie *10 Wege um glücklich zu werden* wären die absoluten Bestseller) – Denken wir einmal andersherum: Gott hält viel auf unsere Freiheit, wie verhält es sich mit uns?

„Was antwortet man denn jemandem, der fragt, warum der gute Gott böse Taten zulässt?", war ich einmal verzweifelt gefragt worden. Ob der einfachen Antwort verwundert mich diese Verzweiflung sehr. Mir wird klar, dass die Theodizee-Frage wirklich nichts über den Wahrheitsgehalt der Religion aussagt, sondern vielmehr über das Verhältnis zur Religion derjenigen, die sich an ihr ermüden.

Arman, ertönt die Stimme meines Vaters in meinem Kopf, *richte dich an das Wesentliche, statt dich über Unwichtigkeiten auslassend vom Wesentlichen abzuhalten. Erinnere, was er dir gesagt hat: Die Biene sein, die sich unbeirrt und geradewegs an den Honig hält.*

Wieso die Theodizee-Frage eine solch hohe Erschütterungsgewalt besaß, ergibt sich, wenn man den Religionsbezug der erschütterten betrachtet. Mir kommt meine Unterscheidung in Bezug auf die Zufriedenheit und Glückseligkeit in den Sinn: Weil *erfüllend* und *funktionierend* zwei grundverschiedene Dinge beschreiben. Auch mit der Religion verhält es sich auf diese Weise: Wenn man sie instrumentalisiert, ist ihr Überleben an das Funktionieren dieser Zweckbeziehung gebunden. Man kann das sehr schön an der westlichen Welt des Christentums beobachten. Die Theodizee-Frage konnte den Glauben des Christen deshalb erschüttern, weil die Religion nicht mehr erfüllt, sondern vielmehr instrumentellen Zwecke zur Verfügung stand: Dem Mächtigen sollte sie das Unrechttun legitimieren, Unrechtleidenden ein Gericht nach dem Tod versprechen, usw. Als man die Theodizee Frage stellte, funktionierte diese Zweckbeziehung nicht mehr. In der muslimischen Welt dagegen, gewiss auch in der östlichen Welt des Christentums, hingegen ist die Theodizee Frage wirkungslos gewesen, weil die Religion erfüllte.

Erfüll*te*. Denn nun ist ihr Überleben daran geknüpft, ob sie kulturkonform oder kulturaufwertend wirkt. So kann Chanel auf Laufstegen engelsgleiche Models mit Kopftüchern präsentieren, ohne dass man sich daran stoßen dürfte, denn die heutigen Kulturen müssen sich vor dem Kapitalismus bewähren – es darf bleiben, was kommerzialisierbar ist.

Man möge sich also die Frage stellen: Halte ich zur Religion, weil sie in meinem Sinne funktioniert, oder halte ich zu ihr, weil sie erfüllt?

Aber wen interessiert die Religion - diejenigen, mit denen ich über sie sprechen kann, haben kein Interesse an der Philosophie, diejenigen, mit denen ich über die Philosophie sprechen mag, kein Interesse an der Religion.

Dass wir an nichts glauben, stimmt auch nicht so ganz. Wir glauben an die Technik, wir glauben an *Apple* und *Google*: Smartphone in die rechte, Fernbedienung in die Linke und Laptop mit *Netflix* Abo steht bereit – Ab zum Gottesdienst!

Das Problem ist nur, dass unsere in ihrer Existenz von uns abhängigen Gottheiten uns abhängig machen.

Sollte ich nun lachen oder doch lieber weinen?

Ich entscheide mich für das Lachen. Ist gesünder. Außerdem macht es sympathischer – behauptet jedenfalls das Mädchen in dem „*Worauf Frauen bei Männern stehen*" Video.

Später in der Nacht...

Es ist schon sehr verwunderlich, wie sehr uns das „*erst nachdenken, dann reden*" abhanden, gekommen ist. Oder mehr noch, nur über etwas zu reden, worüber wir Bescheid wissen. Sich erst mal über etwas zu informieren, und zwar durch das Aufschlagen und *Lesen* der Zeitung. Bereits zu Schulzeiten wurde der Unterschied deutlich, wie *lesende* und wie *glotzende* Kinder argumentieren, wie multiperspektivisch oder eindimensional ihre Brille sein konnte.

Ich merke, dass ich vorsichtig sein muss. Wenn mein ehemaliger Deutsch-Lehrer oder einer der wissenschaftlichen Mitarbeiter an der Universität einem Türken gegenüber Atatürk als weltoffenen, liberalen Politiker loben würde, würde er nichts hören von dessen Ein-Parteien-System, weder von der Verfolgung von Minderheiten noch der systematischen Unterdrückung der Religion würde ihm erzählt werden - aber das liegt wohl mehr an

der fehlenden Differenzierung zwischen Realität und Wunsch-
denken der Türken.

Seien wir nicht allzu harsch: Statistiken zufolge, soll ein Türke
alle zehn Jahre ein Buch lesen.

Was könnte man da schon erwarten?

Sonntag

*Wir können nur unglücklich werden, während wir eigentlich versu-
chen glücklich zu sein* – all unsere Bemühungen häufen nur das
Unglück.

Zu diesem Schluss war ich gekommen, aber ihn wirklich ver-
daut, habe ich noch nicht.

Sind wir so blind, dass wir das Unglück nicht als Unglück erkennen, stattdessen den Schein von Glück für Wirklichkeit halten – Haben wir *Glück* und *Unglück* falsch definiert?

Glauben wir überhaupt noch daran, dass der Mensch glücklich
werden könne?

Beschönigen wir deshalb das Ganze mit der Illusion einer genü-
genden Zufriedenheit?

*Dass das heutige Verständnis von Glück eigentlich nur Unglück ist
und wir deshalb immer unglücklicher werden, während wir versuchen,
glücklich zu sein.*

Wow, das klingt hart.

Später in der Nacht…

Zuhause angekommen streife ich den Mantel ab und eile die
Treppen hoch. Ich brauche dringend ein Bad!

Oben treffe ich meine Mutter und die beiden jüngsten Schwestern an. Meine fünfjährige Schwester ist wohl krank, denn sie

übergibt sich zum wiederholten Mal. Ich gebe meiner Mutter zu verstehen, dass sie mit ihr in mein Bett gehen solle. Sie sucht vermutlich die Nähe zu meiner Mutter, kann noch nicht damit umgehen, dass der jüngste Zuwachs die volle Aufmerksamkeit bekommt – möge sie Mama für diese Nacht für sich haben, ich kümmere mich um den Säugling.
Auf mich wartet eine lange, lange Nacht.

07:22 Uhr

Ich ziehe die Decke bis zum Kinn. Bis aufs Wickeln habe ich alles machen können, meine Mutter konnte ruhen und meine andere Schwester fühlt sich nicht vernachlässigt -
Meine Babyschwester seufzt friedlich neben mir.
Ich lächele selig. Es hat sich gelohnt.

Montag

Wieso verliert man den Glauben an die Freiheit des Menschen, woher rührt die Gleichgültigkeit des postmodernen Menschen für die Würde und den Sinn des Menschseins ausmachenden Prinzipien? Wieso geht es uns nicht um jeden Preis um die Liebe, so dass wir geduldig reifen, sondern um etwas anderes, für das wir auf die Liebe als Preis bereitwillig verzichten?
Ich glaube, es hängt zusammen mit der allgemeinen Sprachverwirrung, unter der wir leiden. In der Wissenschaft wird mit Fremdwörtern die Bedeutung verschleiert und der Begriff irgendwie nicht greifbar, in der Jugend mit neuen, nichtsaussagende Laute kommuniziert oder über die elektronische Kom-

munikationswege Begriffe ihrer potentiellen Wirklichkeitscharakter, ihres Verwirklichungspotentials beraubt, so dass man nicht mit ihnen in Bezug stehen kann.

Neben den heiligen Schriften unterschiedlicher Traditionen, lehrt Aristoteles, dass wir definieren und unterscheiden sollen. Überhaupt liegt darin ein großer Vorteil: „Wie viele Debatten ließen sich vermeiden, wenn die Gesprächspartner den Mut und die Anstrengungsbereitschaft besäßen, ihre Begriffe zu definieren".

Prüfen wir es beispielhaft an der Freiheit.

W i l l k ü r bedeutet, zu allem fähig zu sein, vom Gesetz von Ursache und Wirkung unberührt zu bleiben. Die Konsequenz ist zum einen der Irrglaube, dass die persönlichen und äußeren Umstände in Bezug auf die eigenen Möglichkeiten keine Rolle spielen würden, zum anderen der Anfang der Entmenschlichung, nämlich, dass jede Entscheidung (und damit jedes Handeln) beliebig, folglich sinn-entleert wird: Alles sei rückgängig zu machen, alles sei möglich, folglich beliebig. Würde und Feigheit, Gerechtigkeitssuche und Verrat hinterlassen damit, wenn überhaupt, bloß vorübergehende Spuren, wahre Ideale erscheinen in Gestalt haltloser Luftschlösser. Es ist also eine Welt der inhaltlosen Formen, der unbeseelten Körper: Keine Substanz, keine Wahrhaftigkeit.

Und weil die Natur des Menschen keine Willkür erlaubt und schon das Faktum des Gewissens dem Selbstverständnis als ein unbeseelter Körper widerstrebt, ist jeder Versuch, ihn irgendwie mit einer solchen Welt in Bezug zu setzen, ein verheerender Anschlag auf seine Menschlichkeit und sein inneres Gleichgewicht. Der moderne Individualismus, der dem Menschen genau jenes Versprechen macht, scheitert aus diesen Gründen.

F r e i h e i t dagegen verheißt nicht, zu allem fähig zu sein oder keine Konsequenzen tragen zu müssen. Freiheit bedeutet im Gegenteil, trotz der Konsequenzen sich für etwas entscheiden zu können: Den Weg mit all seinen Beschwernissen zu meistern. Die Möglichkeit zur Freiheit liegt gerade deshalb in der Natur des Menschen, weil sie die ihm eigene Unvollkommenheit und Abhängigkeit von den äußeren Umständen berücksichtigt, gleichzeitig jedoch die Natur des menschlichen Willens wahrnimmt, kraft derer der Mensch seine äußere Realität gemäß der inneren Wirklichkeit richten kann. Ein anschließendes, aus Freiheit geschehendes Ent-scheiden, bedeutet, sich von der Furcht vor der Konsequenz nicht einschüchtern zu lassen und damit die Seele vom Joch der Feigheit zu scheiden.

Ein Lächeln umspielt meine Lippen, als mir meine Philosophiedozenten in den Sinn kommen. Jenen, die meinen, dies klänge abstrakt oder realitätsfern, entgegne ich mit einer weiteren Unterscheidung: Anders, als das geistige frei-Sein, äußert sich das praktische frei-Handeln in einem Vielen möglichen Rahmen: Das praktische frei-Handeln äußert sich nicht darin, dass das Kind einer alleinerziehenden Krankenschwester der nächste Bundeskanzler werden oder mit einer gewinnträchtigen Idee die Klasse wechseln kann, sondern jenes realisiert sich, wenn ein Bahnbediensteter wegen seines Gerechtigkeitswillen sich, trotz der durch die mediale Berichterstattung verzerrten öffentlichen Meinung, für den Streik entscheidet, bis er einen Kompromiss erreicht, den er für gerecht hält, unabhängig von der öffentlichen Meinung.

Hm, was nun?

Ich brauche dringend eine Pause. Logik ist ermüdend, vor allem wenn man den Stoff ein wenig vernachlässigt.

Es trifft sich gut, dass mein Vater zurück ist. Ich kann mich mit ihm ein wenig unterhalten. Er gibt mir ein paar Ratschläge bezüglich vergangener Tage, bevor wir auf die Uni zu sprechen kommen.

„Der Professor ist genauer geworden", berichte ich: „Er hat klar gemacht, dass wir vier Seiten Essay schreiben sollen, und dass zwei nicht ausreichen würden – aber auf den Folien stand *"nicht weniger als drei"* – mal schauen, was der Tutor morgen zu meinen drei sagt".

„Hm", macht mein Vater nur.

„Vermutlich liegt das daran", versuche ich zu erklären: „Dass sie inhaltlich nicht viel erwarten und wissen, dass es für die meisten Studenten lediglich eine Frage des Bestehens ist. Hauptsache, sie haben etwas zum Abgeben – folglich achten sie auf die formalen Sachen, so die Worte des Tutoren".

„Gewiss, das Niveau sinkt", meint mein Vater: „Das merke ich ebenso bei meinen Schülern – die Herrschaften sind nicht bereit, zwei Seiten Text zu lesen". Ich lächele, die alt bewährte Predigt: „Und ohne Lesen…", zitiere ich ihn weiter: „… geht gar nichts".

„Ein Professor, mit dem ich mich unterhalten habe, meinte: Wenn ich die Klausuren von vor 10 Jahren *jetzt* den Studenten stellen würde – die hätten keine Chance".

Tja, und wir sind deine Zukunft, Deutschland!

Wehe dir.

„Auf der anderen Seite", widerspricht mein Vater: „Was können die armen Schüler dafür? Nicht nur sind die Lehrer unfähig und selbst keine Suchenden, sondern überhaupt stellt sich die Frage, wer heute noch wirklich prinzipiengetreue Menschen möchte? Niemand will junge Menschen zulassen, die widersprechen, nach Gerechtigkeit fragen und fordern!".

Mittwoch
14:50 Uhr
Wieder einmal bereue ich meine Anwesenheit im *Propädeutikum*. Jede Woche wird ein Bereich der Politikwissenschaft angeschnitten, so läuft es für Erstsemester-Studenten ab. Heute nennt die Gastprofessorin als Thema: *„Development und Gender"* – Ich habe ein konzeptionelles Problem mit dem Gender-Ansatz. Dabei werden nämlich die Freiheit und Selbstbestimmung der Frau verhältnismäßig im Vergleich mit der des Mannes gemessen: Was der Mann darf, das dürfe auch die Frau, was der Mann kann, das könne auch die Frau. Hat man zuvor der Frau die Freiheit als Frau verwehrt, wird sie nun ihr mit dem Vorbehalt gewährt, dass es zwar immer noch die des Mannes wäre, sie aber durch ihre Mannesgleichheit ebenfalls ein Anrecht habe. Man verwehrt ihr also immer noch die Freiheit als Frau, da sie sich aufgrund der Gleichheit mit dem Mann jener verdient. Ungleiches wird gleichbehandelt, dabei definiert Aristoteles die Ungerechtigkeit folgendermaßen:

Ungerechtigkeit ist die gleiche Behandlung des Ungleichen oder die ungleiche Behandlung des Gleichen.

Der Gender-Ansatz ist ungerecht, weil er Ungleiches, gleich behandelt. Wie die Dame vorne spricht, führt mir vor Augen, dass ich lieber meinen Punkt noch deutlicher machen sollte, um bewusste Missverständnisse zu vermeiden: Das Problem ist nicht, die Frau qualitativ mit dem Mann auf eine Stufe zu stellen - der

Qur'an betrachtet Mann und Frau als einander ergänzende Puzzleteile. Aristoteles schreibt von gegenseitiger Vervollkommnung. Das Naturgesetz, das eine Gesellschaft, in der Frauen unfrei wären, notwendigerweise eine unfreie Gesellschaft wäre, mag der türkische Dichter Necati Cumali sich von modern-europäischen Vorbildern abgeguckt haben, wohingegen diese jemanden plagiieren, den ein Professor als „frauenfeindlichen Denker", bezeichnete, der Frauen keinerlei Rechte zuerkenne: Nämlich war es Aristoteles, der es entdeckt und aufgeschrieben hat!

„Die Freiheit der Geschlechter besteht in der Gleichberechtigung", führt die Professorin weiter aus: „Die Freiheit der Frau wurde im Vergleich zu der des Mannes eingeschränkt. Man begründete, dass sie ihm kognitiv und physisch unterlegen wäre..."

Es ist sehr gefährlich, die Frau rein äußerlich mit dem Mann auf eine Stufe zu stellen. Dann wird sie nämlich, wie heute, qualitativ daran gemessen, ob sie männlichen Standards entspricht. Freilich sind Mann und Frau einander dem Wesen nach ungleich, dem Wert nach, hingegen sind sie gleich: Deshalb muss man sie als zwar ungleiche, jedoch gleichwerte Teile betrachten, die aufgrund des ebenbürtigen Wertes beide Anspruch auf Freiheit und *Wesens*verwirklichung haben. Aber da beide dem Wesen nach ungleich sind, d.h. unterschiedlichen Schwierigkeiten begegnen und Vorteile hegen, angefangen bei biologischen, können beide nur dann auf wirklich gerechte Weise gleiche Chancen haben, wenn man den Zugang und die Bedingungen ihrem Wesen gemäß, nicht dem des Mannes, anpasst: Gerecht ist nicht, wenn der Frau unter gleichen Bedingungen der Zugang erlaubt wird, sondern wenn die Frau unter auf sie abgestimmten Bedingungen Zugang besitzt. Ich höre schon die Gleichstellungsbeauftragte: „Nein, nein! Indem Sie sagen, dass Frauen nicht unter den gleichen Bedingungen selbes leisten können, machen sie sie schwächer als den Mann!". Gute Frau, einmal abgesehen davon, dass die Weisheit in der Metaphysik aller Traditionen weiblich ist und in anmutiger weiblicher Gestalt auftritt, verstehen Sie doch: 1.) Wie der Mann der Frau in einigem überlegen ist, ist die Frau dem Manne in anderem überlegen: Gerade deshalb können sie doch einander ergänzen! Was das eine Puzzleteil besitzt, das fehlt dem Anderen und andersherum. 2.) Ich stelle die Frau nicht schwächer dar, ich verlange, für sie das Recht, ihre Rechte als Frau, nicht als dem Manne in nichts nachstehendes Wesen zu fordern! Verstehen Sie den Unterschied? Sie setzen die Frau in Verhältnis zum Mann, ich dagegen versuche sie davon zu lösen. Nur so wird eine Frau nicht gezwungen werden, ihr Frausein auf das Private zu beschränken: „Eine Frau kann als Frau…", statt „Eine Frau soll, weil sie dem Manne gleich ist".

Wortspiele, viel zu philosophisch!

Nein, ich denke nicht. Gerade weil wir diese Unterscheidung nicht kennen, messen wir die Frau daran, inwiefern sie sich mit dem Manne vergleichen lässt. Deshalb darf sie nicht Mutter *und* in der Karriere erfolgreich sein, sondern muss das eine für das andere abstreifen. Will sie ernst genommen werden, muss sie ihre femininen Züge, die mit dem männlichen Maßstab nicht bemessen werden können, durch maskuline Züge ersetzen. Eine Frau, die gleichzeitig Gattin, Familienmutter und Personalleitern, ohne Überlastung und Vernachlässigung ist, mit anderen Worten: Die Personalleitern *und* Mutter, statt Personalleiterin *trotz* Erziehungsberechtigte…soweit kommt es noch! Und Hausfrau darf sie schon gar nicht sein: Ha! Was soll man von einer Frau halten, die Zuhause sitzt?

Nun, meine Mutter hat sich voll und ganz dem Hause gewidmet: Sie stand uns nicht einfach zur Verfügung, sondern sie hat das tiefste Wesen des Mutterseins verwirklicht. Worüber meine Eltern sich unterhalten? Würde ich den Qur'an nennen, würde die Gleichberechtigungsbeauftragte sofort aufspringen: „Hab ich's mir doch gedacht! Eine mithilfe der Religion unterdrückte Frau!". Wo der Sinn für das Heilige tot ist, da möge man das Heilige vor Verunglimpfungen schützen. Daher: Aristoteles, Rumi, Erich Fromm, Seyyed Hossein Nasr… Die Liste ist lang. Hm, wie viel wohl die geschiedene und kinderlose Topmanagerin eines marktführenden Konzerns von Aristoteles weiß? Hat sie je von Meister Eckhard gehört, von Thomas von Aquin? Es geht nicht darum, entweder das eine oder das andere, sondern das eine und / oder das andere tun zu können, ohne die Entfremdung zum eigenen Wesen.

Wobei, werden nun einige Eifrige einzuwenden wissen: Schon wieder diese Rollenzuweisung! Frau ist Frau, würden sie mir vielleicht widersprechen, nicht Ehefrau, nicht Familienmutter, nicht… Aber habe ich nicht versucht, genau das zu sagen? Überhaupt: Bevor man mich, der ich dem Schatten des Aristoteles folge, verurteilt, möge man bei Kant anfangen, der sinngemäß schreibt: *Gewiss, eine Frau besitzt auch Vernunft! Aber, sobald sie diese nutzt, schwächt sie ihre Reize.*

Mein Blick fällt auf ein Mädchen in der Reihe vor mir. Wie so viele, hält sie ihr Smartphone in der Hand und lässt das Segelboot des Anstands achtlos an sich vorbeiziehen. War es einmal unhöflich, während eines Gesprächs oder Vortrages mit seinem

Nachbar zu *schwätzen*, wie man es gemeinhin nannte, ist es heutzutage eines der wenigen Lebenszeichen von Studenten. Eigentlich ist es nicht redlich, jemand anderem auf das Handy zu schauen – machen wir eine Ausnahme. Vielleicht wird sie meine Vorurteile Lüge strafen, vielleicht wird sie…

Die Hoffnung stirbt eben zuletzt, was soll mich nun vor den selbstgefälligen Armen des Pessimismus bewahren? Sie ist auf *Instagram* und klickt sich durch die Bilder verschiedener weiblicher Schaudarsteller.

Was mich wieder zurück zum Thema bringt: Falls mal wieder eine auf obszöne Weise dekadente Berühmtheit dafür beklatscht wird, dass sie davon spricht, Frauen mögen mit Tabus brechen: Lüsternen Männerfantasien zu entsprechen, ist kein Ausdruck von Selbstbestimmung und Selbstentfaltung. Bereitwillig die Weiblichkeit abzustreifen und zu vermännlichen, um die Karriereleiter aufsteigen zu dürfen, bedeutet Selbstaufgabe, statt Selbstverwirklichung. Geschweige denn, dass der Tabubruch kein Selbstzweck sein sollte. Besonders, wenn er eine Farce ist. Wie schwer wiegt denn bitte der Traditionsbruch in einer traditionslosen Gesellschaft?

Ich schüttele mich: Mein Vorurteil möge nicht der Dame die Möglichkeit zur Selbstdarstellung nehmen. Sie zeigt eine Statistik mit ein paar Zahlen, darunter:

„Ähm, 2/3 der Analphabeten weltweit sind Frauen" – ich wette, den größten Anteil an dieser Statistik tragen muslimische Staaten.

„Mehr als 1/3 aller Staaten, ähm *gewähren Frauen nicht die gleichen Erbrechte"* – nachdem ich - weil die Tatsachen angesichts der produzierten Fakten uninteressant sind - die erste Wette gewonnen habe, setze ich doppelt-oder-nichts wieder auf die muslimischen Staaten.

„Aber dann sieht man, ähm, trotz aller ungerechter Behandlung: 2/3 der *Care*-Arbeit weltweit verrichten die Frauen". Ich behalte meinen Gewinn und danke der Gesellschaft der alternativen Fakten.

Es folgt ein Zitat einer Politikwissenschaftlerin. Interessant wird es, als die Professorin kommentiert: „Ähm, ich finde dieses Zitat sehr gut – ähm, weil es eigentlich das ganze Thema kurz zusammenfasst. Nur den ersten Satz, ähm, finde ich ein wenig problematisch, und zwar sagt sie: *Dass es Frauen und Männer gibt, scheint eindeutig zu sein*", sie wiegt den Kopf wie die Leute, die hören, dass der Islam ein Hindernis auf dem Wege des Fortschritts wäre, aber sich beeilen zu ergänzen: *Ja, aber viele Entdeckungen, wie die Zahlen, kommen aus dem arabischen, selbst „Chemie" ist eine Herleitung aus dem Arabischen und früher, da war das alles gar nicht so!*

Stimmt, aber zu den früheren prominenten Muslimen zählten al-Fārābī, Saladin, Ibn Chaldūn und Mullā Ṣadrā – heute sind es Erdogan, der Shisha-Junge Hüseyin und Yusuf mit dem BMW 7er. Es stimmt, dass die Gesellschaft bewusst solche Prototypen hervorhebt, statt des Ammar, der mit 16 ein philosophisch-satirisches Buch u.a. zur 60-jährigen Einwanderungsgesellschaft geschrieben hat, die sich auch nach 60 Jahren weigert, eine solche zu sein. In diesem Fall könnte ich es noch verstehen, aber was ist mit einem authentischen und bedeutenden Koranexegeten, wie Ömer Özsoy? Warum wird ein Sami Yusuf vollkommen ignoriert, trotz millionenfach verkaufter Tonträger allein in Deutschland? Allerdings muss man auch zugeben, dass es ihnen allzu leicht gemacht wird. Unseriöse Unwissende aus dem Internet, Vergnügungen und Zerstreuungen sind lieber, als sich an geistig höherstehenden Menschen zu halten und sie zu unterstützen. Was ein Scholastiker einst auf die Angriffe der Renaissance entgegnete, so gestehe man bitte, trifft auch auf uns zu: Während der Scholastik es um die Entdeckung der Wahrheit gehe, erkläre die Renaissance eine für sie schön klingende Sache zur Wahrheit. Soll heißen: Wir beengen alles im Verhältnis zu unserem eigenen persönlichen Ego, statt uns im Verhältnis zum überpersönlichen Guten zu formen. Denn uns geht es schon lange nicht mehr um die Wahrheit. Dass mir Hüseyin und Yusuf jedoch lieber sind, als die übereifrigen Bildungsaufsteiger Gökhan und Yunus, die sich in der Nachahmung der sprachlichen Verirrungen mit Fremdworten und bodenlosen Gedankenakrobatik einen Namen machen werden, ist eine andere Sache.

„Also, ähm, diese Äußerung... also ich weiß nicht... ähm, heutige Forschungen befassen sich ja auch mit Geschlechtern, die sich nicht eindeutig zuordnen lassen – aber gut, für Clarissa Rudolph, ähm, scheint das eindeutig zu sein".

Sehr gut, immer schön politisch korrekt bleiben. Ich verstehe sie, heutzutage sollte darauf geachtet werden, wem man wann auf die Füße tritt: Dass der Börsenwert eines Unternehmens mehr als 500 Milliarden Dollar schwer wiegt, während es gleichzeitig in Luxemburg exakt einen Prozent Steuern zahlt, darf gewusst, aber nicht in Zusammenhang von Forderungen ausgesprochen werden. Immer differenzieren, man kann ja nicht einfach solche Vereine und die ihnen gewährenden auf Anhieb als Verbrecher abtun. Ähnlich kompliziert verhält es sich auch mit den Tierrechten: Sie gelten nur für den Nachbarshund, nicht für das Huhn auf meinem Teller.

Sie fährt mit ihrem Vortrag fort, wir hören von Weltfrauentagen und Weltfrauenkonferenzen, in denen Männer die bahnbrechende Entdeckung machten, dass Frauen für die Gesellschaft nicht nur brauchbar seien, sondern dass ihnen dafür auch noch Würdigung geschuldet sei! Als wäre das nicht genug, kommen sie zu dem Schluss, dass Frauen bis dato nicht rechtmäßig anerkannt würden und die gnädigen Herren entscheiden nach 1970, dass Frauen auch gerecht behandelt werden sollten. Interessanterweise hält die sonst so frauenunterdrückende Religion vor mehr als zweitausend Jahren schriftlich fest:

Tatsächlich, Gott befindet die Frau Maria als dessen würdig, gemäß seinem Willen wirken zu dürfen. Ja, es ist eine Frau, welche die vorherrschende Ungleichheit hinweg fegt, es ist eine Frau, die so mutig wie kein anderer Mann ist, um der Gesellschaft die Stirn zu bieten und es ist eine Frau, deren Frausein genügt, um diesen besonderen Menschen Jesus zu gebären. Es sind religiöse Gesellschaften, die weibliche Staatsoberhäupter wie *Bilqîs,* die Königin von Saba, hervorbringen, lange bevor Alice Schwarzer Steuern hinterzieht. Es sind religiöse Gesellschaften, in denen Frauen öffentlich hohe Ämter bekleiden – aber es braucht knapp zweitausend Jahre nach Jesus' Geburt, bis der Weltfrauentag eingeführt wird – dennoch: Die Hüterin der Demokratie, die USA, wartet noch immer auf die erste Präsidentin. Vielleicht gibt es unter 318 Millionen Amerikanern auch einfach keine, die im Vergleich zur sonstigen Auswahlmöglichkeit geeignet wäre. Der Rest ist uninteressant. Ich ziehe Sakko und Mantel an, lege den Schal um und verlasse die Vorlesung. Ein Blick auf die Uhr lässt mich wissen: Es bleiben eine Stunde und 15 Minuten.

Ich verstaue die Tasche in einem Schließfach und laufe los. Es wurde ein Haus gebaut, welches speziell für religiöse Rituale gedacht ist: „*Haus der Stille*", nennen sie es. Eine schöne Sache: Saubere Toiletten, separate Waschräume, Gebetsteppiche und ein dreieckiger, mittelgroßer Raum, in dem architektonisch für mußevolle Stille gesorgt ist. Der Stil erlaubt jeder Religion Besinnung und Einkehr.

Das Haus selbst befindet sich außerhalb des Campus.

Einige Stunden später…

Ich laufe zum vereinbarten Treffpunkt. Mein Cousin ist in Frankfurt, seine Freundin wohnt hier. Wir möchten gemeinsam etwas unternehmen.

Es ist kalt, um mich herum sind viele Menschen und zu meiner linken die Hauptstraße – den Rausch der Dunkelheit vermögen sie nicht abzuhalten.

Wieder einer dieser Momente, in denen die Melancholie mich umhüllt, wie die von mir so bewunderte Dunkelheit die Sterne: Ich laufe hier, gekleidet in einem teuren *Hugo Boss* Mantel, darunter das *Michael Kors* Hemd und eine dazugehörige Weste, die Hosen von *Hugo Boss* und den Schuhen aus feinem Kalbsleder. An meinem Handgelenk eine eher im höheren Preissegment liegende Schweizer Uhr, in meiner Tasche die Schlüssel eines Autos, zu meiner rechten die Goethe-Universität Frankfurt, der Campus Westend, wo sich einst des Goethes Garten befand. Zuhause, in einem 200 qm Einfamilienhaus am Waldrand erwartet mich meine ganze Familie mit einem Lächeln auf den Lippen und wohliger Wärme im Herzen -

Ist das ein Segen?

Kann ich sagen: „Puh, ich hatte aber Glück im Gegensatz zu Ahmad!"?

Ahmad, sei dazugesagt, läuft nicht in den Straßen Frankfurts, um Ahmads Schultern liegt nicht ein teurer Mantel und von der Goethe-Universität hat er auch nichts gehört – Ahmad bangt darum, ob er denn am nächsten Tag auch unter den Trümmern liegen wird und die einzige Universität, die er kennt, war die Universität von Mossul, welche nun in Schutt und Asche liegt.

Ahmad erwartet kein Haus am Waldrand und auch nicht das lächelnde Gesicht seiner Mutter – ihn erwartet nur eine weitere Nacht irgendwo draußen, unter einem sternlosen Himmel in einer brennenden Stadt. Nur in seinen Träumen, da sieht er noch seine Mutter. Es ist nicht Sentimentalität, einzig ein Hauch von Wehmut liegt in dem Bild: Sie, mit Schürze und roten Wangen über dem Topf, wenn sie in gewohnt mütterlicher Strenge und der dazugehörigen Prise Sanftmut zum Essen rief.

Kann ich mich wirklich *glücklich* schätzen, nicht an Ahmads Stelle zu sein? Ein Segen, der wohl schnell zum Fluch werden kann. Denn Verantwortung wiegt schwer. Über das jüdische Volk im Dritten Reich verliert niemand ein böses Wort; ihrer gedenkt man, für sie wurden Mahnmale aufgestellt und selbst wenn es um Kritik an Israel geht: Wenn das jüdische Volk in irgendeiner Weise Gegenstand des Gesprächs wird, ist Vorsicht geboten. Das Verbrechen wiegt dermaßen schwer, dass nicht nur die jüdische Glaubensgemeinschaft durch den Nachhall vorläufig geschützt, sondern auch der wenigstens zweifelhafte Konstituierungsakt des zionistischen Staates Israel unstrittig bleibt. Was den Rest der Welt anbelangt, jenen Rest, der zugesehen hat – nun, was mag man von einer Menschheit halten, die einem Land unter Adolf Hitler gewährte, bevor dieses, zusätzlich zum Menschsein, ebenso Länder zu bombardieren begann?

Ahmads Seele ist rein, und die seines Bruders, der im Namen der Rebellion Gräueltaten begeht, hat einen Bürgerkrieg gebraucht, bevor sie sich der Finsternis zuwandte – aber was ist mit meiner?

Das Gewissen, es ist unerbittlich – was passiert mit mir, je mehr ich *trotz-dem* zu leben lerne? Leiser wird die Stimme nicht. Womöglich gewöhne ich mich daran.

Ich lege die Finger an die Brust.

Ich bin es dir schuldig. Dir und meiner Seele.

Auf der anderen Seite – was kann *ich* schon tun?

Der BMW meines Cousins ist da. Ich werde jetzt einen schönen Abend haben.

Ahmad?

In einer Hinsicht kann er beruhigt sein und dies, nebenbei bemerkt, verdankt er mir: Die fünfköpfige Familie seiner Verlobten wird niemand mit Gewalt an der Flucht zu hindern suchen, nein, sie wird in Ruhe gelassen, denn, wie Janne Teller in ihrem „*Stell dir vor, es wäre Krieg*" schreibt:

„Es gibt kein Land, das weitere fünf Flüchtlinge haben will".

Wenn die Pforten des Paradieses geschlossen sind, dann bedarf die Hölle eben keiner Wächter.

Was hätte der alte Honecker dafür gegeben, in diesen Tagen zu leben! Weißt du, Ahmad, Erich Honecker steht für das Gewaltregime DDR. Nun, damit du die Bezeichnung *Gewaltregime* verstehst: Zwischen 1961 und 1989 starben mindestens 140 Menschen an der Berliner Mauer. Insgesamt sollen 872 Menschen an der innerdeutschen Grenze gestorben sein.

Weil sie auf der Flucht waren.

Seit 2000 sollen bis heute, also 2017, rund 35.000 Menschen an den EU-Außengrenzen ums Leben gekommen sein, seit 2014 mehr als 10.000. Auch sie waren auf der Flucht. Ja, 35.000, das sagt sich so leicht. Nicht fünf, nicht fünfunddreißig, sondern fünfunddreißigtausend leblose Körper.

Du hast recht, Ahmad, „Gewaltregime" ist ein komplexer Begriff. Wir sollten differenzieren.

Anders ist man, wenn man von Nächstenliebe und einem nicht utilitaristischen Miteinander spricht, ja angestiert werde ich, sobald ich von einem Menschen spreche, der für Gerechtigkeit und die Freiheit seines Mitmenschen bis zum Ende der Welt zu marschieren bereit ist - nicht das Böse hat sich nun mehr zu verstecken, sondern das Gute.

Nur, was macht das mit meiner Seele?

Wenn die Pforten des Paradises geschlossen sind, dann braucht die Hölle keine Wächter.

Es gibt nur einen Unterschied: In der Hölle Gottes brennen Hitler und Stalin. Im Jemen ist es die kleine Rabia.

Das war wieder sehr undifferenziert und unsachlich: Aus unseren Höllen gibt es immerhin Fluchtmöglichkeiten. Rabia z.B. muss nicht zurück in den Jemen, wenn ihre Eltern sich geschickt als Syrer zu tarnen wissen - nur Jamal muss zurück nach Afghanistan. Aber Afghanistan ist auch ein sicheres Herkunftsland. Wie haben unsere Grundschulkinder das Lied vom Dschungelbuch herrlich neu interpretiert:

„Probier's mal – mit Afghanistan, wo kleine Kinder Panzer fahren…". Dann kann er immerhin das Grab seines wegen Gehorsamsverweigerung hingerichteten Vaters pflegen.

Wie war das, Ahmad?

Nein, nein, ganz und gar nicht! In Deutschland leben viele Muslime, Schätzungen zufolge bereits mehr als viereinhalb Millionen. Wie viele davon deiner *gedenken*?

Vielleicht sollten wir bei den Grundschulkindern bleiben…

Freitag

„Wirst du zusehen?“.

Ihre Kindergartengruppe wird im Seniorenheim etwas vorführen. Eine nette Abwechslung für die alten Menschen.

„Ich muss leider noch etwas erledigen, meine Königin“.

„Ich bin nicht deine Königin!“, gibt sie kurz angebunden zurück. Die Enttäuschung ist nicht zu überhören. Mein Vater hat viel um die Ohren: meine ohnehin sehr geschwächte Mutter im Haushalt entlasten, arbeiten – und meine andere Schwester sitzt in der Schule.

Also komme ich zum Zug.

Bleiben kann ich nicht. Auf mich wartet Arbeit!

Ich necke sie ein wenig, bringe sie auf andere Ideen, aber als wir aussteigen und wir der Menschenmenge begegnen, spüre ich einen Stich in der Brust. Alle sind mit jemandem da – wie könnte ich sie nun alleine lassen? Ich sollte hierbleiben und viele Fotos von ihr machen, denn das mag sie. Außerdem würde ich damit auch meine Mutter beruhigen.

Ich seufze, die Würfel sind gefallen, Hannibal hat die Alpen überquert.

„Wo ist denn die Erzieherin, die auf euch aufpasst?“, frage ich sie. Jene Dame sollte ich nämlich ansprechen, wie mir im Kindergarten gesagt wurde. Eigentlich hatte ich ältere Frauen erwartet, als wir zwei Mädchen erblicken. Eine weitere steht mit dem Rücken zu uns. Die zwei Mädchen müssen zwischen siebzehn und zwanzig sein, vermutlich Praktikantinnen.

„Hallo!", meine kleine zupft an dem Ärmel derjenigen, die mit dem Rücken zu uns steht.

„Hey, na du!", sie dreht sich um, beugt sich vor und lächelt ihr zu. Einen Augenblick später hebt sie den Blick, und sieht mich unverwandt an.

„Hi!", lächelt sie. Ihr langes, braunes Haar trägt sie offen. Hübsch, keine außergewöhnliche Schönheit – da ist nur etwas an ihrem Lächeln, etwas in ihren Augen.

„Kann ich sie bei Ihnen lassen?", frage ich, obwohl bereits feststeht: Ich bleibe.

Die Aufführung war gelungen. Ein Großteil der alten Menschen hat sich prächtig amüsiert, gelacht, in die Hände geklatscht und mitgesungen. Ein paar wenige saßen einfach nur da, keine Reaktion im Gesicht – nur Leere. Was muss wohl in einem Menschen gestorben sein, damit selbst Kinder nicht für ein kleines Lächeln reichen?

Aber so würde ich mich vermutlich auch fühlen, wenn ich *Last* für Gesellschaft und Politik bedeute, von meinen Kindern in ein Heim abgeschoben werde und für den Rest meiner Tage hier ausharre. Meine Schwester hatte hier ein Praktikum gemacht – und war emotional total aufgewühlt: Eine alte Dame hätte sie für ihre Tochter gehalten, geweint und immer wieder ihr Haar gestreichelt. Trost bietet auch die Tatsache nicht, dass ihre richtige Tochter genauso im Altersheim landen und mitleiderregend enden wird.

Welch Ironie.

Ist das Fehlen von Schuldbewusstsein und vor allem Liebe, ohne welche Empathie wohl kaum möglich wäre, ein Problem einzelner Menschen, oder mehr ein Gesellschaftsproblem?

Wir sind im Proberaum angekommen, meine kleine Königin
spielt mit ihren Freundinnen, während die Eltern sich unterei-
nander bei Kaffee und Kuchen austauschen. Ich stehe ein wenig
abseits, antworte auf alles höflich, bewahre aber meine Distanz.
Eine der Praktikantinnen lächelt mir zu. Ich wende den Blick ab,
lehne mich an einen Tisch und beobachte *sie.*
Wie liebevoll sie mit den Kindern umgeht, wie ernst sie ihre Arbeit nimmt. Dass sie etwas älter ist als ich, spielt keine Rolle.
Der Ort, an den ich sie mitnehme, interessiert sich nicht für ihr
Alter.
Einfach den Moment genießen, ihr Lächeln betrachten.
Eine Frau verdient es:
Keine Bleibe in der gleichgeschalteten Großstadt, sondern eine
Hütte in der Meeresbucht. Keine künstliche Fassade, sondern
das sich auf der Wasseroberfläche spiegelnde, silberne Mond-
licht. Die Türen nach draußen stehen offen – eine leichte Wind-
böe umschmeichelt die weißen Vorhänge, ein sanftes Rauschen
trägt das Flüstern des Meeres herein.
Wenn das alles fehlte?
Nicht weiter schlimm – jenes Mondlicht auf der Meeresoberflä-
che, es schimmert in ihren Augen.
Eine Frau verdient es, sich Zeit zu nehmen, jede einzelne Run-
dung ihres Körpers zu erkunden. Wie das Auge der Frau das
Sonnensystem reflektiert, versinnbildlicht ihr Körper die Erde.
Sie auf den Rücken legen, ihr Hals, der Geruch ihrer Haare –
Ihr Körper reflektiert die geometrische Schönheit aller Formen,
von den Bergen bis hin zur Schneeflocke.
Eine Frau verdient es.
Sanft mit der Zunge eines ihrer Ohrläppchen zwischen die
Zähne zu nehmen und dabei mit heißem Atem ihr Gänsehaut

verursachen; mit den Lippen kaum spürbar Zentimeter für Zentimeter über ihrer sich immer wieder anspannenden, nackten Haut auf und ab zu tasten. Je weiter ich hinab gleite, desto schneller, keuchender wird ihr Atem.

In ihrer Stimme hallt die Melodie der Musik nach, in deren Rhythmus die Planeten um die Sonne kreisen.

Sie will sich aufrichten, doch meine rechte Hand schließt sich sanft, aber bestimmend um ihren Hals und drückt sie zurück in die Kissen: Sie gehört mir. Nicht der Duft eines Parfüms vernebelt die Sinne, sondern der Geruch einer erregten Frau erfüllt den Raum.

Mit der Zungenspitze ihre hart gewordenen Knospen umkreisen, sie unter sich erschauern lassen, während ihre Finger sich in meine Locken graben und ihr mit vollen Lippen umrandeter Mund sich immer wieder öffnet und schließt, nach Luft schnappt und zusammenbeißt; sich ihren warmen, wohlgeformten Schenkeln zu widmen – ihre Hüfte wölbt sich mir gerade entgegen – nur um dann knapp an ihrer Weiblichkeit vorbei zu streifen.

Nicht Vorspiel, sondern das Herantasten an ihr tiefstes Inneres, die Erkundung ihrer verborgenen Geheimnisse. Wer die Geheimnisse der Frau gelüftet hat, der weiß die Sterne zu lesen. Wer ihr Innerstes ertastet, der berührt den Grund des Meeres.

Daraufhin erst der Akt der wahren, unvergesslich intensiven Vereinigung: Jedes Mal bricht das Feuer mit einer solchen Wucht aus, jedes Mal wird der Damm auf eine solch unerbittliche Weise gebrochen, dass jegliche Kontrolle vergeblich ist. Sie sträubt sich, fordert heraus, gibt nicht nach –

Einmal ausgebrochen, ist das Feuer nicht mehr zu bezähmen.

Und doch sind die Linien so fein gezogen, dass sie nicht nachgezeichnet werden können.

Sie lässt sich fallen, weiß, dass ich sie fest in meinem Griff habe: Ihr Stöhnen mündet in hohen, wohlklingenden Lauten, die uns begleiten, wie eine unvergleichbare Melodie.

Einmal in den Fluten versunken, weiß das Wasser zu tragen.

Sie bemerkt meinen Blick, erwidert ihn.

Nur kurz. Bevor sie ihre Augen niederschlägt.

Sich wild und hemmungslos, zeitaufwendig und gefühlvoll zu lieben, hart und sanft zugleich.

Nicht eine, sondern die Vereinigung, die Explosion von Verlangen, Lust, Gefühlen und Sehnsucht, in der die Frau weiß, dass sie ihrem Mann gehört.

Keine Verbindung. Es ist die Verschmelzung zweier Kreise, die Verschmelzung von Körper und Geist, Licht und Dunkelheit, Feuer und Wasser.

Ohne je vom Nektar geschmeckt zu haben, sehnen sich so viele danach. Sonst würden Lieder und Bücher, die weit entfernt davon verblassen, nicht sämtliche Ranglisten dominieren. Aber der moderne Mensch sucht Selbstbefriedigung, wovon ich hingegen spreche, da gibt es kein Selbst mehr.

Zu dieser seltenen Kunst bedarf es mehr als primitives Begehren, dieser Zauber umgibt nicht jede Beliebige. Um die von ihr erzählenden, von ihrem Hauch lebenden Worte Untertan zu nennen, erfordert es, selbst Königin zu sein. Leyla war eine Frau, deren Verheißung Madschnūn durch die Wildnis irren ließ. Eine Unbezähmbarkeit, die den Stürmen auf den sieben Weltmeeren gleicht – sie braucht keinen Freund, mit dem sie über ihre Gefühle spricht, keinen Jungen, den sie bevormundend durchs Leben führt und auch keinen hohlen Baum: Sie braucht einen

Mann, der sie bezähmt, ohne sie dabei trockenzulegen. Einen Mann, der den Sturm zu beherrschen weiß, ohne ihn lahmzulegen. Einen Mann, der alles in sich vereint, der in ihr Innerstes dringt und zu bergen weiß, was selbst ihr verborgen blieb. Ihr Zauber ist es, der den durchbrechenden Sonnenstrahlen ähnlich einen Fleck grüner, kalter Erde in eine schimmernde Lichtung verwandelt. Es erfordert einen Mann, der einem Künstler gleich dieses Bild verewigt und dafür selbst die Farben auswählt.

Sich nicht ebenbürtig, doch einander würdig.

Erneut kreuzen sich unsere Blicke. Dieses Mal bin ich es, der sich abwendet. Ich bin nicht ihr Künstler.

„Komm", sage ich zu meiner Kleinen: „Wir gehen nach Hause". Es dauert ein wenig, bis ich sie überzeugt habe. Ohne zurückzublicken, schiebe ich meine Schwester durch die Tür und wir verschwinden.

Womöglich ist es eine trügerische Illusion, vielleicht macht mir meine dichterische Fantasie etwas vor. Ganz sicher wird sie sich nie bewahrheiten.

Aber es ist eine schöne Illusion, *die* es sich für den irdischen Dichter zu verewigen lohnt.

Donnerstag

Einführung in die Philosophie-Vorlesung

„Es wird deutlich, dass Heideggers und Gadamers Philosophie autoritäre Züge aufweist – sie stellen das Überlegen des Menschen sehr tief herab", erklärt der Professor: „Heidegger zufolge sind selbst die Möglichkeiten, die wir vor einer Handlung erwägen, *gestimmt* – d.h., sie sind abhängig von äußeren Faktoren, wie z.B. unserer Herkunft. Zwischen *bestimmt-Werden*, und *bestimmend-Sein*, herrscht eine wechselseitige Beziehung: Denken Sie an ein Fußball-Spiel. Natürlich sind die Spieler an Regeln gebunden, wodurch ihre Möglichkeiten von Beginn an beschränkt sind - nichtsdestotrotz kann der Spieler innerhalb dieser Möglichkeiten selbst auswählen, und dadurch das Spiel maßgeblich beeinflussen. Bedenken Sie auch, was es bedeutet, wenn wir die Möglichkeit des *Überlegens* bei Menschen herabsetzen oder ihm gar die Möglichkeit von *unabhängigem* Überlegen absprechen: Es würde bedeuten, mit ihr auch die *Selbst*bestimmung herabzusetzen, oder sie ihm gar ganz abzusprechen!".

Ich runzele die Stirn: *Wie* der Spieler sein Tor schießt, entscheidet er selbst: Ob mit dem Kopf oder Fuß, kann er auch nur entscheiden, weil das Spiel ihm diese Mittel zur Auswahl erlaubt. *Dass* er ein Tor schießen *will*, bzw. dass er überhaupt zwischen den Möglichkeiten abwägt wiederum, ist ihm durch das Spiel vorgegeben.

Genau *darum* geht es doch bei Heidegger: Es wird nur erwogen, was erwogen werden *darf*. Und hierin liegt ein wesentlicher Unterschied: Der Spieler ist *den Möglichkeiten*, die ihm das Spiel bietet, *vollkommen* unterworfen: Er *kann* nur wählen, was das Spiel *erlaubt*. Der Hinweis darauf, dass es sich auf diese Weise verhält, bedeutet nicht, dem Menschen seine Fähigkeit zur Freiheit abzusprechen – auch Aristoteles erklärt: Wenn uns jemand zu etwas zwingen will und wir kommen dem nach, so haben wir uns freiwillig dazu entschieden, uns zwingen zu lassen: Wir hätten ebenso gut uns widersetzen und die entsprechenden Konsequenzen auf uns nehmen können. Demnach könnte gefragt werden: Warum begehren die Spieler nicht auf?

Als ich den Professor darauf aufmerksam mache, sieht er den Punkt nicht und wiederholt sich nur.
Gedankenverloren verlasse ich den Saal.

Die nette Dame reicht mir meinen Espresso, bevor ich mich abwende und neben die bodentiefen Fenster setze. Während ich verloren dem Treiben auf dem Campus zusehe, grüble ich über die vergangene Vorlesung.
Gibt es wirklich eine wechselseitige Beziehung zwischen bestimmend-Sein und bestimmt-Werden?
In einem Spiel gefangen zu sein, wie ein Fußballer, nur Entscheidungen erwägen zu können, die ich erwägen darf… Bedeutet es wirklich Freiheit, wenn ich zwischen den gegebenen Möglichkeiten entscheiden darf? Oder wenn ich selbst die gegebenen Möglichkeiten bestimme?
Ich schlurfe an meinem Espresso, mit einem leichten Klirren grüßen sich Untersetzer und Tasse, ich denke weiter:
Wie ist es nun möglich, dass ich als Mensch, der ich doch unvollkommen bin, vollkommene Attribute wie *Barmherzigkeit* mir zu eigen machen kann, wenn ich die Vollkommenheit selbst aus meinem Leben verbanne?
Braucht denn nicht jeder Künstler einen Meister, um jene Kunst zu erlernen?
Von wem soll ich nun das Lieben lernen?
Wie soll ich mich so weit wie möglich der Meerenge nähern, ohne einen erfahrenen Seemeister?
Bekanntlich weiß am besten umzugehen mit etwas, wer jenes etwas ermöglicht hat.
Oder?

Ich denke an Heidegger: Er sagt, dass wir in Umstände geworfen werden, die für jene Basis verantwortlich sind, welche die Möglichkeiten hervorruft, zwischen denen wir entscheiden und somit meinen, *frei* entschieden zu haben: Angenommen, ich habe Hunger. Die Möglichkeiten x/y tun sich vor mir auf, nach kurzem Abwägen entscheide ich mich für x und glaube, frei entschieden zu haben.

Dass der Hunger aus von mir unabhängigen Umständen resultiert - ich brauche nun mal Nahrung um leben zu können - bedarf keiner weiteren Erklärung. Weitaus interessanter: Stamme ich aus einem veganen Haushalt, so wäge ich intuitiv zwischen veganem Essen ab. Mir kommt das Fußball-Beispiel von heute Morgen in den Sinn – das Prinzip habe ich verstanden.

Das Ergebnis ist umso erschreckender:

Denn das bedeutet, ich kann das Abwägen eines Menschen steuern – sogar pervertieren. Es ist möglich, durch frühes Einwirken den Rahmen zu setzen, der ihm wiederum Möglichkeiten bietet, zwischen denen er meint, frei entschieden zu haben – er glaubt sogar, selbst durch rationales Überlegen darauf gekommen zu sein: Die Leute in der Nazi-Zeit glaubten wirklich,

das Richtige zu tun. Wenn ich in einer Gesellschaft aufwachse, in der ein Ziel die Reinhaltung der eigenen Rasse lautet, und Menschen jüdischen Glaubens für unrein erklärt werden, dann wäge ich zwischen Möglichkeiten ab, welche das Ziel am schnellsten und effektivsten erfüllen.

Es klingt so plausibel, dass mir unwohl wird. Lieber ein anderes Beispiel: Wir alle ärgern uns darüber, dass die FIFA die armen Näherinnen von Bangladesch ausbeute oder dass einige wenige immer reicher werden, während bei vielen Familien und Rentnern bittere Not an die Tür klopft. Wir ärgern uns über geschredderte Küken, lebendig kastrierte Ferkel, etc. Nun stellt sich die Frage: Mit welchem Recht? Wir leben im Kapitalismus. Unsere Voraussetzungen sind: Der Mensch ist egoistisch und auf den eigenen Vorteil bedacht, es gibt keinen Gott und kein überweltliches Gut. Kapitalismus beruht auf einer simplen Logik: Maximieren von Profit. Nicht maximaler Profit, sondern Maximieren von Profit: Ersteres setzt voraus, dass es Grenzen gibt und versucht lediglich, diese bis an diese zu gelangen. Letzteres hingegen pflegt das Credo: Keine Grenzen. Moral setzt Grenzen – weg mit ihr! Sozialstaat setzt Grenzen – weg von ihm! Ist das nicht logisch? Mir ist auch dieses Beispiel nicht geheuer, auf zum nächsten…

Wir alle glauben ein Smartphone zu brauchen, so sehr, dass wir an Chatprogramme die Rechte an unseren Bildern abtreten und Konzernen bereitwillig einen ungeheuren Bruch unserer Privatsphäre ermöglichen - unsere Freiheit haben wir dafür aufgegeben. Die entscheidende Frage lautet nun: Habe ich wirklich abgewogen, ob ich überhaupt ein Smartphone besitzen möchte, oder ging es nur noch darum, *welches* ich mir besorge?

Habe ich wirklich darüber nachgedacht, ob ich überhaupt bei den Arbeitgebern der Frauen in Bangladesch einkaufen möchte, oder geht es nur noch darum, zwischen ihnen auszuwählen?

Habe ich wirklich genau überlegt, ob ich Massentierhaltung fördern möchte, oder wäge ich nur noch zwischen dem Döner und Hamburger ab?

Ein Staat repräsentiert sein Volk, denn er wird durch jenes ins Leben *gerufen* und am Leben *erhalten*. Was sagt es nun über ein Land aus, dessen Staatsform nicht zur Debatte steht?

Jeder erwachsene Mensch, der eine deutsche Schule besucht hat, behandelt mindestens zweimal das dritte Reich. Warum – „Aufarbeitung". Wir wollen ja nicht, dass das ein zweites Mal geschieht.

Wie können Menschen so etwas nur tun?

Wie können Menschen wegsehen, während das in einem Land geschieht – wo war die Welt vor 1940?

Und wo sind wir, während in Syrien die Menschen Gras essen müssen, um nicht zu verhungern?

Ich bin gerade Zuhause und bekunde mein Mitleid - hege gleichzeitig jedoch insgeheim den Wunsch, niemals mein 200 qm großes Einfamilienhaus mit einem von ihnen teilen zu müssen.

Ich schüttele den Kopf.

Nicht an der Oberfläche kratzen! Mein Vater hatte damals Recht, und hat es jetzt noch. Das sind nur Folgen, Symptome des eigentlichen Problems – was steckt dahinter? Ich muss mir die Gedanken auf der Zunge zergehen lassen, jedes Wort für sich denken…

„Nicht das *Gute*, sondern das *Richtige*, um für das Allgemeinwohl meiner Gesellschaft sorgen" - *Das* nennen wir dann gut. Auch die Politiker sprechen immer von der *richtigen* Entscheidung. Wenn wir mit uns um eine folgenreiche Entscheidung ringen, so fällt meist das Adjektiv „richtig" - Erst ist etwas *richtig*, bevor es *gut* wird… Warum wir diesen begrifflichen Umweg gehen: Das *Gute* selbst ist absolut: Es gibt kein „Mittel zum Zweck". Für das *Gute* kann ich keine bösen oder schlechten Mittel nutzen. Mit *Richtig* lässt sich leichter arbeiten. Es ist verhältnismäßig, d.i., was sie relativ nennen.

Kann es *gut* sein, im Kampf gegen den IS auch zivile Opfer in Kauf zu nehmen?

Nein, aber es kann als *notwendig* erklärt werden, zum Wohle der Menschheit und somit *richtig* sein, um das Ziel der Beseitigung eben jenen zu erreichen.

Und es kann ja nicht böse sein, was nach gründlicher Abwägung für *richtig* erklärt wurde. Also erscheint es auch *gut*.

Ich halte inne: Es geht noch weiter. Es gibt nämlich noch einen anderen Zwischenschritt:

Kann es etwa *gut* sein, Hilfsbedürftige an unseren Grenzen mit Gewalt fernzuhalten?

Nein, aber es kann *notwendig* sein, keine Flüchtlinge mehr aufzunehmen und schon ist auch diese Geißelung der Menschlichkeit *richtig* – wie sonst sollte die Aufgabe gelöst werden?

Richtig und *Gut*... da ist ein anderer Unterschied... Es muss mehr dahinterstecken: *Richtig* können auch Matheaufgaben sein...

Ja! Ich glaube es verstanden zu haben! *Richtig* ist ein Adjektiv, welches *abhängig* ist, weswegen es auch kein *göttliches* Attribut, sondern *menschliches* Wort ist... Das macht es auch so attraktiv für den Relativismus! Es ist genau wie bei einer mathematischen Aufgabe:

Der Rechenweg, den ich einschlage, ist immer dann *richtig*, wenn er zu dem Ergebnis führt, welches mir die Aufgabe stellt! Kein Wunder, dass ein großer Teil der Deutschen während der Nazi-Zeit tatsächlich glaubte: Wir tun das *Richtige*! Ich wette, wenn man sich die Reden von Demagogen, sämtliche Tagebücher von Zeitzeugen durchgeht, wird man immer wieder lesen: Wir tun das *Richtige*, erst *das* führt zu dem Irrglauben, das Gute zu tun. Denn wo *Richtig* ist, da kann doch *Gut* nicht weit sein – mir geht auf, wie unwissend ich bin! Die Griechen haben ihre

Götter vermenschlicht, wodurch sie den Fantasien und Projektionen der Menschen zur Verfügung standen, wir haben es mit unserer Sprache getan. Sie haben den Anfang getan, als sie mit der Relativierung des Absoluten bei der Wurzel begannen – wir haben es mit dem Medium (um es mit Aristoteles zu sagen) unseres Denkens, „Sprache", vollendet. Wozu darüber Gedanken machen? Wenn es kein „gut" an sich gibt, sondern alles eine Frage der Verhandlung ist, stellt sich Gleichgültigkeit ein. Wenn man sich aber nicht mehr um das Gute kümmert, sondern bloß um das Richtige im Verhältnis zu den eigenen Zielen, sind wir dann nicht alle zur Egomanie verurteilt?

Descartes schreibt, dass Unvollkommenheit der Grund für *irren* sei. Mit Gott hingegen wären wir in unserer Herkunft vollkommen. Fehlt er, so folge völlige Unvollkommenheit und ewiges Irren. Es bedeutet, ein Schiff zu besteigen, zu einer letzten Insel im Norden zu wollen, doch ohne Kompass in See zu stechen. Denn nur der Kompass mag mich ohne Irrtum nach Norden zu weisen, unabhängig vom Stand der Sonne. Selbst wenn ich nie endgültig anzukommen vermag, so bin ich immerhin in die richtige Richtung gesegelt. Was macht es nun aus mir, wenn ich das einzig vollkommene, das einzig absolute aus meinem Leben verbanne? Denn ohne Gott gibt es keinen Ursprung, es gibt keinen eigentlichen Zweck, keine ursprüngliche Wesenhaftigkeit, keinen jenseits aller Subjektivität liegenden Maßstab, mithilfe dessen man von seiner eigenen Ich-Perspektive zurücktretend überhaupt des Anderen Argument bedenken könnte. Wenn es nicht übermenschliches, nichts übersubjektives gäbe, dann sind wir per definitionem zur Egomanie verdammt. Dann kann es nie ein Miteinander, bloß ein Gegeneinander geben. Welche

Spielart des Relativismus man auch bevorzugt: Das Zusammentreffen zweier Menschen bedeutet mit ihm immer das Gegeneinandertreffen zweier Ich-heiten mit Spiegeln vor den Augen, beide darauf bedacht, den höchstmöglichen Gewinn zu ziehen. Ellbogengesellschaft: Partnerschaft, anstelle Liebesbeziehung, Interessengemeinschaft, anstelle von Freundschaft - Sind das nicht genug Anzeichen für lauter Ich-heiten mit Spiegeln vor den Augen? Aber, nur weil das so ist, bedeutet das zwangsläufig, dass wir zu nichts anderem fähig wären?

Wenn wir bloß auf die Ich-Perspektive beschränkt sind, wenn alles verhältnismäßig ist, was der Mensch zu erkennen vermag: Wie kann ich aus der Vogelperspektive mich betrachtend dies feststellen? Würde jemandem, der nur Spiegel vor sich sieht, auffallen, dass es eine Welt ohne Spiegel gäbe? Wenn es niemanden gibt, der den Blinden auf seine Blindheit aufmerksam macht, woher sollte der Blinde wissen, dass es so etwas wie ein Sehvermögen gäbe, wie seiner Blindheit bewusstwerden? Ich schüttele mich. Ja: *Zu philosophisch!* Kehren wir lieber zurück zur Tagespolitik.

„Aber, was kann ein einzelner schon machen" antworten zig Millionen Menschen, wenn man sie auf Deutsch auf den Syrien-Krieg anspricht.

Was werden sie wohl über *uns* in fünfzig Jahren sagen? Vermutlich wird es dann eine neue Aufarbeitung geben – immerhin, ein aktuelleres Beispiel als das Dritte Reich. Nur ein „Syrien" wird es nicht mehr geben. Halb so schlimm: Dann bauen wir eben ein paar Mahnmale und dazu Museen, die jedes Jahr stark besucht werden – bis die Menschen auch davon die Nase voll haben. Von 1945 bis 2016: Mehr als achtzig Prozent der Deutschen haben genug von Aufarbeitung. Das Ende unseres Märchens

Und wenn der Klimawandel sie nicht gestoppt hat, dann werden sie noch in 71 Jahren zwischen Aufarbeitung und Schlussstrich hin und her gerissen sein.

Aber es wird keinen Hitler geben, auf den man alles schieben kann, so viel steht fest. Bürokratie eben: Es gibt niemanden, den man zur Verantwortung ziehen kann. Bis auf die schweigende Masse, welche sie aufrechterhielt.

Wir haben das Ruder in die Hand genommen, unser Kurs: Verewigung in den Geschichtsbüchern.

Samstagabend

Mein Vater ruft mich.

„Was ist also deiner Meinung nach dem Prinzip des Guten?", fragt er mich.

Ah, verstehe. Ich sollte heute bestimmte Verse aus dem Koran lesen und mit der Nikomachischen Ethik des Aristoteles vergleichen – jetzt will er wissen, was ich verstanden habe.

„Wie gewohnt, müssen wir zunächst unsere Perspektive bereinigen. Wie üblich, besteht das Kunststück der Moderne in der Verdrehung…"

„Ich habe nicht um eine Kampfrede gegen die Moderne gebeten", unterbricht mein Vater mich: „Du hältst dich immer mit Unwesentlichem auf!".

Ich seufze, schaffe ich denn nicht zwei Sätze, ohne mich der Rüge anzubieten?

„Die Rede über *das* Gute ist verpönt, jegliche Reflexion wird mithilfe fiktiver Szenarien im Keim erstickt. Dabei merkt man nicht: Sobald ich jemandem die Frage stelle, was zu tun sei, wenn ich darüber zu entscheiden hätte, ob ein Säugling oder eine alte

Frau von einem Zug überfahren würden, postuliere ich entweder, dass das Gute etwas messbares und in allen erdenklichen Situationen unabhängig der Launen der Wirklichkeit dieselbe Form besäße. Oder aber ich setze voraus, dass jeglicher Ansatz, der von dem Guten spricht, dies so sähe".

Ich blicke meinen Vater an und suche in seinem Gesicht nach Anzeichen, die mir verraten, wann das dünne Eis unter meinen Füßen nachgeben wird. Er bedeutet mir, fortzufahren.

„Wir wissen hingegen, dass es eine Bergspitze, aber unterschiedliche Aufgänge gibt. Der erste Lehrer, Aristoteles, lehrt, dass das Gute keine physische Größe sei, die sich messen ließe. Es gibt keinen Kodex, der alle erdenklichen Handlungen beinhaltet, als gäbe es ein mit dem Wörterbuch vergleichbares Handlungsregister, indem wir vor jeder Entscheidung nachschlagen können…"

„Ja ja, nicht das Wesentliche aus dem Blick verlieren!", mahnt mein Vater. Ich hebe lachend die Hände.

„Schon gut, schon gut. Vielmehr, so der Hinweis des Aristoteles, wäre das Gute ein Prinzip, das sich in unterschiedlichen Formen ausdrückt, wie jeder Fluss sich von einer Quelle, jeder Sonnenstrahl sich von der Sonne nähert. Wenn wir dieses Prinzip erkannt haben, können wir auch die Formen auf das Gute zurückführen, wie wir dem Flusslauf zur Quelle folgen, die Wärme und das Licht der Sonne im Sonnenstrahl wiederfinden können. Anstelle einer Bezeichnung für das Ergebnis einer Rechnung, müssen wir das Gute folglich als Formel verstehen, mithilfe derer sich jede Gleichung ungeachtet ihrer Komplexität lösen lässt". Mein Vater nickt, bevor er einwendet: „Das klingt alles schön und gut - aber mache es mir konkret fest! Wenn du Aristoteles gelesen und begriffen hast, dann wird es nicht bei diesen

104

bloß philosophisch klingenden Sätzen bleiben, die Theorie wird in der Praxis ihr Spiegelbild finden".

Ich klatsche in die Hände: „Wohl gesagt! Aber wer nach Konkretheit fragt, der möge bitte auch seine Frage konkretisieren!".

Mein Vater winkt ab: „Die illusionäre Tunika abstreifen und im Alltagsdeutsch bleiben! Ich bin ein einfacher Mann, der wissen will, was jetzt gut ist, wie er entscheiden soll, was ist das Gute?".

„Gut ist die Entsprechung zum natürlichen Zweck: Das Erforderliche zu tun, das Überflüssige zu vermeiden. Mit anderen Worten: Gut ist all jenes, das von Gott kommt, seinem Willen entspricht oder ihm gleicht".

„Ach, Arman!" mein Vater schüttelt den Kopf: „Schon wieder diese auswendig gelernten Sätze…".

„Moment!", falle ich ihm ins Wort: „Dies ist wichtig. Die Prinzipienlehre des Aristoteles ist ohne Gott nicht haltbar, ohne dessen Prinzipienlehre ist das Gute nicht haltbar und der Mensch damit auf den Scheiterhaufen gebannt! Denn es ist der Gottesbezug, der den Bezug zu den Prinzipien, der Ideenwelt des Platon erlaubt. Ich weiß!", komme ich ihm zuvor: „Ich mache es sehr lang, aber dies sei mir erlaubt! Nur so wird der logische Schluss möglich sein".

Er bedeutet mir fortzufahren.

..Nicht Gott ist Gott, weil er gut ist, sondern das Gute ist gut, weil es von Gott kommt. Die Formel darf also nicht lauten, Gott ist gut, sondern das Gute ist göttlich. Auf diese Weise wird Gott nicht eingeschränkt und gleichzeitig das Gute erweitert. Aber vor allen Dingen: Wir können nun konkret die Entscheidung fällen, welche Handlung gut sein könne und welche nicht. Denn es stellt sich die Frage, was Gott von uns verlangt - gewiss, dazu muss man die heiligen Schriften studieren und sich in Tugenden üben. So heißt es in der Nikomachischen Ethik des Aristoteles, dass die Suche nach dem Guten, ohne selbst zu werden zum Scheitern verurteilt wäre. Entscheidend wird, dass es nun eine Frage der Haltung wird, nicht länger eine Frage der einzelnen, jeweiligen Handlungen ist: Man lernt die Welt der Farben sehen, um dann konkret die einzelne Farbe von der Farbenmischung unterscheiden zu können, im Sinne Goethes lernt man das Fliegen lieben, anstelle des einzelnen Baumes lernen wir den Wald zu sehen. Dies wird in einzelnen Fällen zu Irrtümern und Unschlüssigkeit führen, aber im Großen und Ganzen stimmen, das Wesentliche zu erkennen geben. Einerseits wird Gedankenakrobatik, etwa das selbstgefällige Schwelgen in irrealen Szenarien, damit hinfällig, andererseits das utilitaristische Gegeneinander Abwägen von äußerlichen, zähl- und messbaren Faktoren vermieden. Gerade der Qur'an verurteilt jegliche quantitative Abwägung zwischen einem einzelnen Menschenleben und der gesamten Menschheit aufs Schärfste: Es zählt einzig die Qualität, das Prinzip".

Mein Vater wiegt den Kopf: „Du scheinst das Gute notwendig an den Glauben zu binden, das Wissen genügt in diesem Modell nicht mehr. Damit bist mir eine konkreten Verhältnisbestimmung schuldig zwischen Glauben, Wissen und Gutem!".

Just in diesem Moment findet sich einer der seltenen Augenblicke, in denen ich entgegen meines jugendlichen Übermuts innehalte.

„Wir haben ja schon mal geklärt", fange ich an: „Und das findet man ebenso bei Erich Fromm: Es gibt zwei Formen: *Wissen* und *Glauben*. Dabei bedeutet gut, wenn der Mensch die Stufe des *Wissens* verlässt und in die des *Glaubens* steigt": „Erich Fromm zum Beispiel…", führe ich weiter aus: „…schreibt in Bezug auf

Gott: *Jeder weiß eigentlich, da ist jemand, der den Laden schmeißt.* Oder denken wir an Gandhi – es gab Leute, die davon *wussten,* dass er diesen Weg geht. Doch die, die mit ihm seinen Weg gegangen sind, waren diejenigen, die an ihn *geglaubt* haben", ich hole kurz Luft: „Gott gibt sich uns als die Vollkommenheit zu erkennen, als der Herr allen Guten selbst – alle absolut *guten* Begriffe, vereint er in der Form, von welcher wir uns ein Bild über ihn machen. Hier offenbart sich der Unterschied zwischen Wissen und Glauben: Der Glauben ist dem Wissen hierarchisch übergestellt, weil er das Begreifen birgt, das sich im Gegensatz zum Wissen nicht quantitativ aufhäufen lässt. Natürlich", nehme ich meinem Vater seinen Einwand zuvor: „Die Konsequenz ist die Unterscheidung zwischen rein dogmatischem Zungen- und den Buchstaben mit der Bedeutung vereinenden Herzensbekenntnis. Wenn der Mensch nun die einfache Stufe des *Wissens* hinter sich lässt und in die Sphäre von *Glauben* steigt", ich schüttle den Kopf: „Dann richtet sich sein ganzes Leben, sein ganzes Wesen nur nach einem: Nämlich nach Gott, der Sinn seines Lebens wird das Streben nach dem Guten – *das* ist das Prinzip des Guten. Was sagt Platon über die Weisheit: Kein Mensch kann jemals die Weisheit selbst erlangen – aber er kann nach ihr *streben.* Ich kann nach dem Guten streben, was wiederum dazu führt, dass ich versuche auf eine Weise zu handeln, die man dann *gut* oder *gerecht* nennen kann". Mir wird erneut bewusst, dass die Synthese des nüchternen Aristoteles und des liebenden Platon, der Immanenz und Transzendenz den Rest der Philosophiegeschichte zu einer reinen Rezeption und Anwendung, andernfalls Überfluss macht.

„Und was ist dann der Charakter des Schlechten?", fragt mein Vater weiter.

„Es muss noch eine Zwischenstufe geben", durch seine Fragen bringt er mich auf neue Gedanken und ich merke, wie oberflächlich doch meine zuvor gemachten Erläuterungen waren: „Und zwar die der Erkenntnis: Jene, in der ich mir darüber *bewusst* werde: Ich bin nur auf einer *Wissens*stufe, aber es gibt noch die des *Glaubens* und erst die wird mich auf den richtigen Weg bringen – wenn ich aber trotz dieser Erkenntnis auf der *Wissens*stufe verweile, *dann* eigne ich mir den Charakter des Schlechten an". Mein Vater nickt, bevor er fragt: „Worin besteht also der Unterschied zwischen Gutem und Bösem?".

„Das Gute ist absolut Absolut, das Böse hingegen absolut Verhältnismäßig", folgere ich langsam: „Wenn das Gute die Entsprechung mit dem Guten und Schönen, die Harmonie zwischen Zweck und Mittel ist, d.h. mit Gott in Bezug steht, gibt es im Guten Vollkommenheit und Verhältnismäßigkeit: Alles, das nicht Gott ist, ist bloß verhältnismäßig gut, weil es eben mehr oder weniger Gott oder seinem Willen entsprechen, nie aber Gott sein kann. Gott dagegen ist Gott, das Gute nähert sich von ihm und ist damit in ihm vollkommen. Das Böse hingegen ist absolut verhältnismäßig, weil das Böse nur dort sein kann, wo nicht einzig Gott ist und nur dort sein Unwesen treibt, wo die Möglichkeit verwirklicht wird, Gottes Geboten zuwider zu handeln. Konklusion: Das Böse kann, muss aber nicht sein, weil alles nicht-Gott Seiende nicht notwendigerweise existieren muss, wohingegen das Gute immer sein muss, weil Gott wirklich und im wahrsten Sinne des Wortes vor-handen ist".

„Und jetzt nochmal in drei Sätzen?".

Ich brauche einen Moment. Mich kurzfassen, war noch nie meine Stärke.

„Zwischen Glauben und Wissen gibt es eine Zwischenstufe, und zwar die der *Erkenntnis* um der Existenz beider Stufen und meines eigenen Stadiums: Wenn ich nun trotz der Erkenntnis um die Existenz der beiden Stufen und dem Bewusstsein meiner selbst bei *Wissen* verweile, so nehme ich den Charakter des Schlechten an, da ich mir das Streben nach höherem verwehre; Wenn ich hingegen die Stufe des Glaubens erreiche, so richte ich mein ganzes Sein nach Gott, und strebe so nach dem Guten – ich selbst kann es zwar nicht in mir vereinen, aber meine Handlungen erlangen die Attribute des Guten. Das Gute im Gegensatz zum Bösen ist ursprünglich, weil es einzig vom Schöpfer abhängig ist, das Böse hingegen ist eine Folge, weil es vom Geschöpf ausgeht".

„Ein bisschen mehr als drei Sätze", meint mein Vater. Ich grinse spitzbübisch: „Sagen wir drei *lange* Sätze".

„Und was hat Heidegger damit zu tun?".

Ich nehme mir einen Moment, um nachzudenken. Ich weiß, dass mein Vater sehr streng ist, wenn es um solche Themen geht und möchte mir keine Leichtfertigkeit erlauben.

„Heidegger – wie viele andere Philosophen – hat zwar den richtigen Ansatz, sie vermögen die Krankheiten zu benennen, können aber kein Heilmittel vorstellen – das ist kein Widerspruch, jeder vermag zu diagnostizieren, dass ein Niesender nicht gesund ist. Doch die richtige Arznei zu verschreiben, weiß nur der Arzt. Ihnen fehlt der Bezug zur Vollkommenheit: Wie will ich an meinen Entwurf kommen, um mich und mein Wesen von jeglichen Einflüssen zu befreien, wenn ich selbst doch beeinflusst und nicht frei von äußerlichen Faktoren bin: Ein Kranker kann nur mithilfe eines Arztes genesen, weil dieser nicht nur weiß, *dass* er krank ist, sondern auch des *Woran* kundig ist –

Hierfür brauchen wir keine absolute Macht: Heidegger ist ein Mensch, trotzdem weiß er um die Krankheit. Nur wird deutlich: Der Arzt selbst bedarf wiederum eines Meisters…", ich wähle Platons Sprache, um meinem Vater deutlich zu machen, dass ich tatsächlich Platons *Staat* gelesen habe: „…der in der Heilkunst bewandert ist und ihn unterrichtet, damit er weiß, *wie* die Krankheit zu heilen ist! Nun – es liegt auf der Hand, dass der Mensch selbst unvollkommen ist, dass sein Wesen schon von Geburt an beeinflusst wird. Es braucht also jemanden, der selbst *frei* von jeglichen Einflüssen ist, um unseren Blick weitestgehend klären zu können".

„Und wie ist das Verhältnis der Moderne zu Wissen und Glauben? Ich meine sich etwas vormachen, in einer Illusion zu leben, das gab es doch schon immer? Denke nur an das Höhlengleichnis Platons, an die koranischen Geschichten!".

Zähneknirschend gestehe ich mir ein, dass er recht hat. Was ist unser Problem? Warum verharren wir bei der Stufe des Wissens, wieso haben wir es über alles andere favorisiert, obwohl selbst die Chemiker und Physiker ihr eigenes Wissen für ein Wissen halten, das ein Wissend darüber ist, wie der Mensch die Realität meint zu erkennen, dadurch aber noch lange kein Wissen von der Wirklichkeit sei?

Und vor allem: Was fehlt dem Wissen, dass es auf sich selbst gestellt wirkungslos, eine rein darauf fixierte Gesellschaft handlungsunfähig ist?

Mir wird klar, was fehlt.

„Natürlich!", rufe ich aus und schlage mir mit der Handfläche an die Stirn: „Das ist es! Das Problem an der Moderne, und damit von uns allen, ist doch, dass *wir* uns jeder Möglichkeit beraubt haben, die uns zur Erkenntnisstufe bringt – die entscheidende Kraft haben wir aus der Gesellschaft und damit aus unserem Denken verbannt! Wie soll der Rettungsring den Ertrinkenden bewahren, wenn er selbst alle Rettungsringe zuvor doch vernichtet hat? Wir geben Ihm nicht die Möglichkeit, sich überhaupt uns zu nähern! Es ist gar nicht möglich an die Wirklichkeit zu glauben, weil wir die Realität zur Wirklichkeit erklärt haben!", ich nicke lächelnd: „Nichts in ihr hat Bestand, freilich bleibt sie dem Credo der Verdrehung treu: Sie hat den Schein zur Wirklichkeit und die Wirklichkeit zum Schein erklärt".

„Und was ist mit der Postmoderne?".

Ich runzle die Stirn: „Sie ist die Waise entwurzelter Vorfahren, die aus fehlendem Bezug ihnen gegenüber gleichgültig ist. Sie ist die Zeit der selbstmörderischen Gleichgültigkeit, in der man nicht einmal müht, was Realitäten und Wirklichkeit wenigstens bedeuten, um sie bewusst und aufrecht verleugnen zu können. Wir trotten einfach der Herde hinterher, sehen mit leeren Augen vor uns her, während die Fassade bröckelt".

Sonntagabend

Die Aussicht von unserem Haus ist schön. Am Rande des Waldes, weit oben gelegen, nicht inmitten der Flut von Lichtern und Häusern, die leuchtende Burg, auf dem gegenüberliegenden Hügel. Es sind sicherlich 20 Kilometer bis dahin. Zwischen uns zwei Berge, das tief im Tal liegende Städtchen – sie trennen mich von ihr, vermögen jedoch nicht die Sicht zu nehmen.

Ein traumhafter Anblick.

Ich denke ein wenig an die Zeit zurück, als mein Vater noch Maurer war: Als 13-jähriger politischer Flüchtling alleine hier angekommen, eine Zeit lang bei seinem Onkel gelebt, dann ins Heim gezogen, um ihnen keine Umstände zu bereiten.

Du bist nicht irgendjemand! Hatte meine Mutter immer gesagt, *Du hast, was anderen fehlt – du kannst schaffen, was andere nicht vermögen!*

Also ging er in die Schule.

Maurerer war er, als ich auf die Welt kam. Schüler, als ich zwei Jahre alt wurde.

Und er 22 Jahre zählte

Zur Abiturfeier am Hessenkolleg kamen alle mit ihren Eltern und Freunden – mein Vater kam mit seiner Frau an der einen und zwei Kindern an der anderen Hand.

In den darauffolgenden Jahren haben wir meinen Vater selten gesehen, meine Schwester und ich:

Morgens bei einer Bäckerei kehren, daraufhin zur Uni, nachts ins Lager – standen die Semesterferien an, hieß es zur Gärtnerei Firma, um zu schaufeln, sägen und tragen. Einmal kam er drei Tage lang nicht nach Hause, ein anderes Mal schlief er 24 Stunden lang nicht, um am nächsten Tag seine Latinum Prüfung zu bestehen.

Meine Freunde bekamen Konsolen, MP3-Player und Fußballschuhe geschenkt – ich bekam, zusätzlich zu den Fußballschuhen, viele Bücher. Bis auf diesen einen Gameboy, um dessen willen ich so manche Schlacht wagen musste. Vermutlich als Trost für das Wohnzimmer ohne Fernseher.

Seltsamerweise habe ich die Abwesenheit meines Vaters nicht wirklich wahrgenommen. Sicherlich trug dazu bei, dass er die wenige, übrige Zeit mit uns verbrachte. Sparen, um mit uns an verschiedenen Orten Urlaub zu machen; Fahrrad fahren, abends vor dem Schlafengehen spielen, sonntags gemeinsam zu frühstücken oder das Keyboard durch ein weißes, gebrauchtes Klavier zu ersetzen.

Ebenso, oder vor allem aber gerade deswegen, weil meine Mutter nicht nur da, sondern *wirklich* Mutter war. Sie hat alles mit uns gemacht: Zur Musikschule durch den manchmal verregneten Wald laufen, vorlesen, religiöse Möglichkeiten wie Gebote, Schönheiten wie Pflichten lehren - das Innehalten und die Besinnung innerhalb der Familie, unsere Sorgen anhören, mich versuchen zu bändigen – die vielen Predigten über Tapferkeit, Edelmut und Gerechtigkeit... Ohne sie wäre nichts so, wie es heute ist.

Wenn ich von meinem Vater erzählte, wo er alles arbeitete, dass er nebenbei Lehramt studierte – keiner glaubte es mir. Bis auf die Ausländerkinder bei uns in der Nordstadt. Und solange sie Kinder blieben, bewunderten sie meinen Vater dafür.

Der Rest war sich einig: Ich erzähle zu viele Geschichten. Ein Ausländer, noch dazu ein Flüchtlingskind, soll mit 25 das Abitur nachholen und Lehrer werden? Viele erwachsene Ausländer hielten meinen Vater gar für verrückt: Wozu all die fruchtlose Mühe, wenn man doch gleich Geld verdienen kann?

Dann war es so weit – das Referendariat brach an und meine Mutter lag im Krankenhaus: Sie würde unsere Familie um ein weiteres Mitglied bereichern.

Wir zogen aus der Nordstadt weg in ein altes Einfamilienhaus, mit einem alten Eigentümer, Herrn D., in einem Dorf. Verwandte halfen uns dabei, den Umzug zu verwirklichen. Zur Musikschule mussten wir von nun an auch nicht mehr laufen – Privatunterricht im Wohnzimmer.

Die Zug- und Busverbindungen waren gut – der Winter schlimm, durch Wände, Fenster und Türen drang die kalte Luft herein, dagegen halfen auch nicht die hohen Heizkosten. Erst der kleine Kamin veränderte alles. Die kleinen Hecken nahmen Vorbeigehenden die Sicht, nicht jedoch den Nachbarn, mit denen wir eng an eng wohnten und junge Leute gab es kaum welche - Das einzig Besondere war der große Garten und das eigene Zimmer, trotz Nachwuchs – diese ''Besonderheiten'' fallen mir seltsamerweise erst jetzt auf, weil ich damals die dazu im Kontrast stehenden Mängel nicht als solche empfand: Niemand beschwerte sich über den Softball, damals auf dem Sportplatz – erst als der Lederball dazu kam, ließen wir den Softball achtlos liegen.

Herr D. verstarb. Sein Sohn übernahm.

Mein Vater hatte es abgeschlossen, nun war er verbeamteter Lehrer.

Ich kam in die Q1, Leistungskurse Deutsch und Englisch. Mein Englisch war eine wahre Zumutung. Und wir zogen wieder um.

Meine Freunde waren eine große Hilfe, nur für das Klavier engagierten wir eine Firma.

In ein neues Haus am Waldrand, in einem Neubaugebiet mit jungen Menschen. Unser Haus war nicht eng an andere Häuser gereiht, Schimmel gehörte der Vergangenheit an, Feuchtigkeit kam auch keine mehr durch.

Bei der Eigentümerin handelte es sich um eine Künstlerin, die es nicht mehr ertrug, hier zu wohnen. Zu viele Erinnerungen an die Ehe, die hier zerbrochen war.

Also verkaufte sie es, packte ihre Sachen und ergriff die Flucht – als wären Erinnerungen aus Fleisch und Blut, die sich irgendwo einsperren und zurückließen.

Nun sitze ich hier, vor mir weder eine stark befahrene Hauptstraße noch 100 Jahre alte Bauten. Von den Freunden ist mir kaum einer geblieben, fertig mit der Schule, fahre ich nun zur Universität. Besucher machen große Augen, der Winter will nicht mehr so recht.

Wenn ich heute zurückblicke, dann wird mir erst im Nachhinein bewusst, was für einen Weg meine Eltern gemeinsam meisterten. Und das geistige Veränderungen sich niemals nur auf den Geist beschränken.

Ich mag Großstädte. Die meisten erwarten eher, dass ein Dichter mehr zur Natur neigt, aber ich bin ein Freund von Großstädten. Vielleicht liegt das auch daran, dass ich noch kein wirklicher Dichter bin. Wenn ich in einem hohen Stockwerk wohne, und hinaus auf das Meer aus Lichtern blicke – ich glaube, bereits nach kurzer Zeit würde ich mich zurück zu diesem Haus am Waldrand sehnen, mit dem riesigen, Pflanzen beherbergenden Wintergarten, den vielen Fenstern und der Aussicht zur leuchtenden Burg auf dem gegenüberliegenden Berg. Und erst dem Wald, dem leise flüsternden Wald…

Zum Teufel mit der Großstadt, ihrer betörend künstlichen Fassade, den Blick zur ernüchternden Natur verbergenden Gebäuden und ihren unwirklichen Versprechen.

Aber in 10 Jahren? Welche Makel werden mir erst auffallen, wenn es nicht mehr das Haus am Waldrand, sondern die Hütte an der Meeresbucht ist?

Ich spüre es ständig, jede Sekunde begleitet es mich. Es ist dieses Feuer, das in meiner Brust lodert.

Dasselbe Feuer, welches mich von ihresgleichen fernhält, denn sie würden sich verbrennen.

Oder es ersticken.

Gibt es sie, die es zu beherrschen vermag?

Und wenn es sie gäbe - würde ich mich ihr näheren können, in ihren Augen Trost finden, in der Wärme ihrer Seele ruhen dürfen?

Würde ich es wollen?

Oder werde ich mich von der Einfachheit des irdischen Dichters und seiner harmlosen Dunkelheit trennen können?

Dieses Feuer, es treibt mich ruhelos umher. Nicht nur das Pflichtgefühl meinen Eltern gegenüber – es ist die Verantwortung, die ich dieser Welt, die ich *mir* gegenüber habe.

Die Grenzen des eigenen Empfindungsvermögens können sehr schnell verschwimmen. Bis der Tod eines Menschen nicht mehr genügt.

Die Frage ist nur – wo befinden *wir* uns? Eins ist sicher:

Wenn die Eilmeldung einer Nachrichten-App wieder lautet *„Ein Toter bei…"* - es genügt nicht.

Entweder ist es Erleichterung, weil es doch nur *ein* Toter sei, oder aber die leise, selbstverachtende Erleichterung, dass es nicht einen selbst getroffen hat.

Vielleicht aber auch nur noch das leere Registrieren einer in Resignation versunkenen Hülle.

Donnerstagmorgen

Während ich an meinem vierten Kaffee nippe und meinen Laptop hochfahre, bin ich in Gedanken noch bei Heidegger.

Wie schrecklich doch die Vorstellung ist, wenn die Fessel und das mit Flutlichtern ausgestattete Verlies als Freiheit verstanden werden.

Von einem Gefangenen, der sich seines Gefangenseins nicht bewusst ist, braucht man nicht zu befürchten. In einer solchen Gesellschaft braucht es keine Diktatoren, die mittels Gewalt die Menschen zu Gehorsam zwingen, es braucht keine Nachbarn, die ihre Nachbarn melden und physische Freiheitsberaubung nur noch für Raubkopierer, verlassene *Whistleblower* und Sexualstraftäter: Wer von uns ist denn noch aufmüpfig? Wie oft kritisieren wir „Autoritätspersonen"?

Moment! Mein Buch ist auf Amazon erhältlich. Ich krame nach meinem Handy.

Später, in der Nacht…

49.161 bei allen Büchern auf Amazon, 1.202 in der Kategorie Humor, meine beste Platzierung am ersten Tag – ich muss zugeben, dass ich sehr enttäuscht war. Erwartet habe ich nichts, schließlich fehlt jegliche Werbung – nichtsdestotrotz ist da immer dieser eine Funke Hoffnung, den man einfach nicht ersticken kann. Gerne hätte ich das Buch auf Platz 1 gesehen.

Aber ich weiß, dass ich dankbar sein kann. Nicht nur dafür, dass ich eine funktionierende Familie habe, sondern auch dafür, dass ich *überhaupt* träume. Sind nicht Träume der Anfang von allem Großen? Verliert der kleine Mann nicht immer erst dann, wenn er aufhört zu träumen?

Träume halten uns am Leben. Sie sind so süß, dass selbst die Sehnsucht zu ihnen mich nicht einfach nur auf der Oberfläche des weiten Ozeans treiben lässt – nein: Träume sorgen dafür, dass ich, wenn nötig, mit einem Stück Holz gegen die stürmischen Wellen zu rudern beginne.

Und niemals aufhöre zu glauben, dass ich es schaffen kann. Wenn ich dabei sterbe, so nicht mit Verzweiflung, sondern Hoffnung im Herzen. Denn wer träumt, der beginnt zu kämpfen. Wer träumt, der schafft eine Realität – wer träumt, der ist frei.

Wer träumt, der erfüllt eine Voraussetzung, um lieben zu können. Denn Träume und Liebe, sie beide sprengen den Rahmen, welchen sie *realistisch* nennen.

Verwechseln darf man sie keinesfalls mit Begehrlichkeiten: Wer von Geld träumt, der träumt nicht, sondern der begehrt – träumen kann man nicht von materiell existierenden Dingen. Allenfalls erträumt man jenes etwas, was man sich davon verspricht.

Ich träume davon, einen Stein ins Rollen zu bringen, der auf seinem Weg jede Attrappe niederschmettert: Das Schreiben ist ein Mittel dazu.

Ich träume davon, meinen Entwurf selbst entworfen zu haben, ich träume davon, mich für das Sehen und nicht für die Blindheit zu entscheiden.

Und natürlich hegt der irdische Dichter in mir den Traum, einmal den Grund des Meeres zu berühren, einmal nach den Sternen zu greifen.

Aber auch Träume können geschaffen werden. Genau wie bei Bedürfnissen können auch Attrappen von Träumen geschaffen werden. So meint jeder einen Traum zu haben – aber wenn Träume jeden Rahmen sprengen, wie kann ein Träumender vom realistisch *Bleiben* sprechen?

Ich glaube, wenn es etwas gibt, das ein syrisches Kind am Leben hält, so ist es der Traum. Der Traum davon, dass irgendwann alles vorbei ist. Dass irgendwann die Welt aufhört nur zuzuschauen, dass irgendwann die Welt damit aufhört, in mörderischer Tatenlosigkeit zu schlummern.

Dass irgendwann die Welt wieder anfängt, vom Guten zu träumen. Denn wer träumt, der handelt. Was erträumt wird, kommt zustande.

„Du träumst ein wenig zu viel – die Realität sieht anders aus!", bekommt man zu hören, wenn man von Gleichheit und einem Miteinander unter Menschen spricht. Wenn schon das Träumen vom Guten verpönt ist – wie könnte danach gestrebt werden?

Ich steige die Treppen hinab, um mir eine Tasse Kaffee mit Espresso zu machen.

Kapitel II: Das Lösen

Der Einzelne und die Vielen: Wie Veränderungen möglich werden - Felsen oder Kieselsteinchen? - Akademiker oder Influencer, verbeamtet-privatversichert oder wohlhabend sein? Das Menschsein und die Ketten der gesellschaftlichen Verkleidungen - Geltungsdrang und Bedeutungslosigkeit, Darstellen und Ausleben - Kapitalismus, das perfektionierte Puppenspiel? - Was ist nun gut? – Einsam zwischen den Bäumen – Von Liebe und Illusion - Brief an Kant

*D*ienstag

Im Zug nach Frankfurt...

So sehr ich mich auch davor zu drücken versuche – beinahe anklagend liegt meine Tasche zu meinen Füßen. Ich muss an *Wissen* und *Glauben* denken – das mein Verständnis davon plausibel ist, lässt sich ganz einfach dadurch belegen:

Jeder Schüler weiß, dass er die Mathearbeit nicht umgehen kann und dass der Berg, je länger er zaudert, umso größer wird.

Aber warum macht sich dann nicht jeder Schüler an die Arbeit? Ganz einfach (und nein, die Antwort ist nicht plump Faulheit): Weil nicht jeder Schüler wirklich daran *glaubt*. Glaubt der Mensch an eine Sache, dann versetzt er um ihretwillen ganze Berge.

120

Genug davon – meine Tasche werde ich nicht durch so billige Ablenkungsmanöver verstummen lassen.

„Sehr geehrte Fahrgäste, leider wird sich unsere Fahrt um wenige Minuten verzögern…"

Ich blicke auf meine Uhr und verfluche die deutschen Bahngesellschaften. *Wenige Minuten* sind jetzt schon fünfzehn Minuten. Erschöpft hole ich meinen Laptop heraus. Zusätzlich zur Nacht verspricht nun auch der Morgen lang zu werden.

Später…

Im Zug von Frankfurt nach Gießen

Mit mir und der Logik wird es kein gutes Ende nehmen, so scheint mir. Ich werde dennoch versuchen, das Ende so weit abzurunden, auf dass man den Umständen gemäß von einem guten Ende sprechen möge – was bedeutet, dass ich weitere Nächte an meinem Schreibtisch verbringen muss, um ohne Schuldgefühle in den Spiegel blicken zu können.

Und natürlich nicht zu lügen, wenn ich mich vor meinem Vater verantworte.

Meine Augenlider fühlen sich schwer an, meine Augen brennen. Dies rührt wohl daher, dass ich nicht auf meine Mutter höre, die predigt, ich möge doch die Kontaktlinsen alle paar Tage durch eine Brille ersetzen.

Was uns zu wirklich unbezwingbaren Kämpfer macht, ist das hier, dabei hatte mein Vater mit dem Zeigefinger auf seine Schläfe getippt: *Sei frei in deinem Denken, befreie es von allen Ängsten und Abhängigkeiten – schreite immer weiter voran, bis du dich in Sphären bewegst, in denen dein Denken nicht einmal mehr von dir abhängig ist – bis du den Hauch des göttlichen Geistes, den wir alle in uns tragen, wirken lässt".* Dann hatte er auf sein Herz gedeutet: *Doch ist der*

Schlüssel dazu dein Herz – wache Geister gibt es viele, offene Herzen gibt es nur sehr wenige...

Ich muss ein wenig über mich selbst schmunzeln – wie einfach es doch ist, sich vorzumachen, man gehöre zu der kleinen Menge von Menschen, die einem Fels in der Brandung gleich jede Flut zerschellen lassen und gleichzeitig so vielen anderen Halt bieten.

Aber wer will auch schon ein Fels sein? Wozu nicht sich im trüben Wasser den vielen anderen Kieselsteinchen gleich treiben zu lassen? Das Wasser am Boden ist trüb, dass es eine klare Oberfläche gibt, kann leicht vergessen werden. Die Kieselsteinchen am Boden verachten den Felsen, der weit aus dem Trüben heraus in den klaren Himmel ragt – seine Anwesenheit bedeutet an die Wahrheit erinnert zu werden, sein Dasein entlarvt das trübe Wasser seiner Trübheit – seine Existenz beweist die Existenz einer klaren Oberfläche.

Deshalb halten sie sich von ihm fern, deshalb liegen sie alle so zahlreich verteilt am Boden, während er alleine herausragt – wer will schon gerne einsam sein? Wer erträgt es schon, von allen anderen nicht akzeptiert zu werden?

Nur der, der die Oberfläche erreicht hat, denn er weiß nicht nur um die Trübheit des Wassers, sondern ist bestrebt um den Weg nach oben, weil er an die Klarheit der Oberfläche *glaubt* und mit ihr an das, was ihn im Gegensatz zu den die Trübheit verehrenden Kieselsteinchen erwartet. Der Glauben unterscheidet sich von der Illusion: Ersterer bedeutet Überzeugung und wird versinnbildlicht durch die Sonne, die der Blinde wahr-nehmen kann, letzteres dagegen Selbstbetrug und Nebel, in dem der sich zu begreifen Weigernde im Kreis dreht.

Will ich ein Kieselsteinchen unter vielen anderen sein, der von einer Flut aus seinem Plätzchen gerissen, achtlos fortgeschleudert wird, bevor seine kaum zurückgelassene, kaum wahrgenommene Lücke von zwei weiteren, noch kleineren Kieselsteinchen geschlossen wird?

Oder will ich ein Felsen sein, der wachsend erst den kleinen Kieselsteinchen, und dann immer größer werdend den Gezeiten standhält?

Diese Frage ist unangenehm und ich entscheide mich, in meine Sammlung zu kehren. Hilfesuchend durchstöbere ich die Schubladen, bis ich finde, wonach ich suche – ein Stück aus 2015. Wühlend arbeite ich mich durch die Erinnerungen, auf der Suche nach der Wärme, die ich doch empfunden hatte – vergebens.

Es genügt nicht.

Felsen oder Kieselsteinchen?

Mittwoch

00:42 Uhr

Was macht uns Menschen eigentlich aus?

Die einen wollen unbedingt Chefärzte ohne Privatleben werden, die anderen prinzipienlose Juristen, die einen wollen in den Kreis der selbstgefälligen Bildungselite, die anderen versuchen es mit geistlosen Video-Blogs. Ersetzbare Musiker, Autoren von Erotikbüchern, Start-Up Unternehmer, die neueröffnete Bar oder das ethiklose BWL-Studium – Möchte jeder werden, wovon er überzeugt ist?

Ich öffne das Fenster, die kühle Abendluft wird mir guttun.

Möchte jeder seinen Traum leben?

Nein, ich glaube nicht: Wir alle verspüren zum einen Geltungsdrang, zum anderen drücken wir uns vor der Frage, welche Bedeutung das Ganze hat. Auf eine gewisse Weise hängen diese beiden Punkte miteinander zusammen, denn die Bedeutungslosigkeit hoffen wir durch Geltung immerhin in bunte Farben zu tauchen. Es fehlt die Achtung, wir hegen eine existentielle Angst, überflüssig und nicht mehr nützlich zu sein, uns dürstet es nach Anerkennung. Fehlt Selbstachtung, braucht es der Achtung durch andere zur Kompensation. Geltungsdrang verspüren alle, worin wir uns unterscheiden, ist unser *Verständnis* von Geltung. Die einen glauben, es durch Ruhm zu erreichen, während die anderen sich durch den hohen akademischen Grad oder dem Dazugehören zur höheren Gehaltsklasse versprechen. Der Mercedes genügt erst, wenn er aus der Garage hinaus auf die Straße kommt. Die Bildung erfüllt ihren Zweck, wenn ich verbeamtet-privatversichert bin und auszahlen tut sich der Status als Chef nicht, bevor der maßgeschneiderte Anzug außerhalb der Arbeitszeiten getragen wird und die Sekretärin im Vorzimmer die Gäste empfängt. Die Alten fürchten, sobald sie den Jungen den Raum bieten, wird sie keiner mehr wahrnehmen. Die Jungen suchen die Alten zu verdrängen, denn sie können den fehlenden Wissens-, nicht jedoch Erfahrungshorizont wettmachen. In einer Ellbogengesellschaft gibt es kein voneinander profitierend miteinander lösen. Was der Andere einem voraus hat, das ist eine potentielle Waffe. Deshalb sind Eifersucht und Missgunst tief in unserer Gesellschaft verwurzelt, wehe dem Migranten, der Einfamilienhaus mit gemähtem Vorgarten besitzt! Stammt man aus scheinbar traditionellen Familien ab, muss neben dem Job die Familie mit der erwarteten Zahl Kindern her. Denn Geltung hat nur der, der zu entsprechen weiß.

Wer tatsächlich aus der Reihe tanzt, der bedroht die gesamte Ordnung, wer die Maske abnimmt, der entlarvt die Puppen im Maskenspiel. Doch vor allem die Versicherung: Ich bin nicht einfach ich, sondern ich bin etwas.

Sie alle versprechen Stabilität und Sicherheit, sie versprechend Geld. Geld als Mittel zu jenen Gütern, über die wir uns Geltung versprechen, es genügt, um auf diversen sozialen Netzwerken unter dem eigenen Namen mehrere Millionen Fans vorweisen zu können. Stellen Sie sich vor: Schuhe werden begehrt, weil sie teuer sind, statt teuer zu sein, weil sie begehrt werden. Als selbstinszenierender Prominenter, mit anderen Worten als Statist dieser Maskerade, als Unterhaltungs- und Fantasienprostituierte, muss nicht mal mit ihnen *wirklich* teilen. Es genügt ihre hungrigen Fantasien zu füttern, indem man Bilder von teuren Autos, Festlichkeiten mit berühmten Persönlichkeiten, exklusiver Kleidung, limitierten Schuhen und dazu noch für die Jungs viele leichtbekleideten Puppen und für die Mädchen die derzeitigen Schönheitsideale verkörpernden Merkmale aufs Foto packt. „Schönheit" ist hier falsch, das möchte ich zurücknehmen! Schönheit bedeutet Harmonie zwischen Innerem und Äußerem, Schönheit bedeutet die Mitte zwischen Extremen. Die Profile mit den meisten Schaulustigen speisen ihren Erfolg aus Geilheit, Rohheit und Maßlosigkeit. Ihr Kapital ist bloß mit ein wenig Stoff ummanteltes Fleisch, die Zielgruppe eine geistig oberflächliche Masse.

Bin ich zu harsch? Nein, denn der Fokus auf ein makelloses Äußeres und möglichst viel Geld ist Folge der stetigen Verarmung im Geistigen: Alles ist gepolt, jedes ist geprägt durch die Spannung zweier Pole. Mir kommt eine Wippe in den Sinn: Neigt sie sich auf der einen Seite nach unten, steigt sie auf der anderen in die entgegengesetzte Richtung. Ein zu viel des Einen, bedeutet ein zu wenig des Anderen. Das rechte Maß hingegen Harmonie und Einklang, wie auch in der Musik dieses Naturgesetz in wohlklingenden Melodien mündet, führt jenes uns überhaupt in allen Belangen zum Guten. Aristoteles lehrt nicht, dass man die Mitte zwischen den Extremen von zu viel des Guten und zu wenig des Bösen finden möge, sondern vielmehr dass das Gute überhaupt das rechte Maß, jedes über- und untertreiben vom Übel seien. Doch um das rechte Maß behalten zu können, muss man den Blick für das Wesentliche klären. Indem wir als Relativsten den Menschen jedoch in Erkennen und Sein für ein vollständig verhältnismäßiges Wesen mit Blindheit schlugen, sehen wir weder unseren Bezug zur Transzendenz, mithilfe derer wir die Verhältnismäßigkeit, ihre Objekte und die Ketten ihrer Beziehungen übersteigen können, noch die Nichtigkeit der Gegenstände und Denklabyrinthe, die ihre Realität und ihre Bedeutung uns verdanken. Beispiel Geld:

Man meint zunächst, jenes mache Freunde zu Feinden, Geld garantiere Sicherheit und Handlungsmöglichkeiten, Geld mache attraktiv und vor allem: Geld errege die Aufmerksamkeit der anderen. Geld verschaffe also Geltung. Selbst jene, welche nicht horrenden Summen hinterherjagen, wissen das Geld als das weltbewegende Element zu bestimmen.

Dann merkt man, dass Geld zwar das weltbewegende Element sei, nicht jedoch das Subjekterfüllende: Nicht das Geld wird zentral, sondern die Arbeit. Die neue Droge. Arbeit bietet einen Sinn in dem sonst so trostlosen Dahindämmern: Sie erlaubt ein Rädchen im Getriebe sein, wofür mit unermüdlichem Film- und Serienmaterial, unbegrenztem Internetzugang und Alternativrealitäten belohnt wird.

Ich muss an den Gesichtsausdruck denken, mit dem Leute auf mein Studienfach reagieren: *„Philosophie – sind da nicht die Berufsaussichten sehr mager?".* Wovor hegen wir Furcht, was erschüttert uns mit existentieller Angst: Eine geldlose oder eine berufslose Zukunft?

Professor Dr. Wolfgang Lehmann sagt: *„Natürlich orientiert sich die Politik nicht nur an Normen und Werten – selbstverständlich spielt die Wirtschaft eine entscheidende Rolle, genauso wie in Partnerschaften...".*

Meint er das Geld?

Fußballer werden für einmal 90 Minuten hinter einem Ball hecheln besser bezahlt, als hunderte von Putzkräften in ihrem ganzen Berufsleben, lassen sehr, sehr viel Geld im Auspuff alltagsuntauglicher Karosserien in Rauchschwaden hochsteigen und machen Werbung für Unternehmen, deren Geschäftsmodell auf menschenunwürdiger Arbeit beruht. Dennoch wird ihnen gehuldigt, sobald sie einen nichtigen Bruchteil ihres Vermögens über ihre Stiftungen von den Steuern absetzen. Ginge es dem Menschen wirklich bloß ums Geld, wenn also Aristoteles sich geirrt hätte und etwas materielles Selbstzweck sein könne, würde die große Menge des Niedriglohnsektors jenen Tropfen nicht einfach schlucken?

Wohlgemerkt sei, dass der Fußballspieler nicht mehr bloß Fußballspieler sein darf. Er muss den Gaffern im Netz etwas anzubieten haben, befeuern muss er all die Fantasien und füttern die händeringend im Sumpf der Bedeutungslosigkeit versinkenden Schattenpersönlichkeiten. Es gibt so vieles an ihm und den anderen Berühmtheiten dieser Tage, das man bedauern könnte! Am schwersten scheint mir zu wiegen, dass niemand die Person hinter der Maske sehen mag. Nehmen nicht deshalb die Prominenten jeglichen Verlust von Selbstachtung in Kauf, um alles und jeden für ein wenig öffentliche Aufmerksamkeit zu nutzen? Selbst die, die auf dem schutzlosen Floß des Hochmuts die rissige Fahne der scheinbaren Unnahbarkeit gehisst haben und mutterseelenallein auf dem weiten, unberechenbaren Meer der gesellschaftlichen Gunst treiben, sind doch nur die Projektionsfläche einer prinzipienlosen, keinen Grund zur Selbstachtung wissenden und unmündigen Zielgruppe. Geliebt werden sie allesamt von niemandem für das, was sie sind, sondern nur für das, was sie präsentieren *sollen*. Hören sie damit auf, fallen sie. Da wären wir wieder bei der Arbeit: Das Popsternchen, welches sich dessen bewusst ist, hängt an seiner Arbeit wie an einer Droge. Aber besteht ihre Arbeit darin, zu singen? Braucht der Kapitalismus sie als Künstlerin, als Verfechterin der Freiheit und Schönheit? Ich bedaure, meine Teuerste! Die Sängerin verkörpert nicht eine Identität, sondern sie setzt eine Identität auf. *Das* ist ihre Arbeit. Sie soll als Projektionsfläche herhalten, um den Willen zur Verwirklichung beim Zuhörer zu schmälern. Sie soll eine stetig wachsende Anhängerschar pflegen, um die im Hintergrund flüsternde Stimme des Unbehagens zu übertönen, sie in ihrer freien Zeit zu zerstreuen und in ihr Verständnis des Normalen zu injizieren, was Sache der Gewohnheit ist. Die heutigen Künstler sind Instrumente der Gleichschaltung. Sie selbst klingen gleich, die Tiefe des Textes ist einer simplen Tonaneinanderreihung gewichen, aus der Musik ist ein Instrument geworden, welches das Denken an den Bereich des Greifbaren und Bekannten bindende Rhythmen produziert. Heute ist die Stimme des Sängers begleitend, statt der Instrumente als Begleitung zu einer Botschaft.

Was bedeutet dies für den Prominenten? Jeder Augenblick einer solchen Existenz entstellt das Wesen, mit jedem Moment stirbt ein weiterer Teil in ihr, so dass zurück in der Tat bloß eine willenlose Puppe bleibt, die den Trends folgend sich mal in diese, mal in die andere Richtung darbietet. Jeder weitere Schritt tiefer in das Jammertal führt sie ins Labyrinth des Minotaurus. Der Träger der Maske, der Darsteller der Figuren versinkt lieber in dem Sumpf des Unglücks, nimmt wenn nötig Negativschlagzeilen, ja sogar den Verlust der eigentlichen Identität in Kauf - doch aufhören? Lieber sterben. Denn hört er auf zu funktionieren, d.i. der zugedachten Rolle zu entsprechen, hört er auf zu existieren. Ja, das klingt überzeugender: Es geht nicht um die Arbeit, es geht nicht ums Geld: Es geht ums Funktionieren, es geht ums Entsprechen. Wir alle bekommen Rollen zugedacht, die wir brav spielen. Dies gilt auch für den privaten Bereich. Ob als Gemahl oder Mutter: Der eine wird zum sexuellen Partner, die andere zur Garantin für die Zukunft der Rentenkasse aufziehenden Erziehungsberechtigten. Der Kapitalismus hat sich trotz seiner selbstmörderischer Konsequenzen, trotz des in ihm geborenen *homo suicidalis* nicht bewährt, weil er den Menschen Arbeit und Wohlstand brachte, sondern weil er ihnen die Illusion gibt, zu entsprechen, zu funktionieren: Dass der klaffende Abgrund der Bedeutungslosigkeit keiner wäre, dass wir nicht der Fata Morgana hinterher hecheln mögen, sondern uns in den Sand legend sie von der Ferne betrachten sollten, denn dann wahrt sie ihren Schein: Wer verharrt, dem bleibt die Illusion gewahrt. Er ist die Perfektion des platonischen Höhlengleichnisses, weil er dem Bericht von der Wirklichkeit die Sprengkraft genommen hat. Wir existieren bloß, aber in der Selbsttäuschung, zu sein. So ergibt sich auch, wie triebhaftes Dahinsiechen als Zeitvertreib angesehen wird und eine dem Menschen dienende Kunst verfault zu einer Bühne niederen Gesindels.

Geltungsdrang – wir alle scheinen ein Problem mit uns selbst zu haben, denn eine Leere hat der Kapitalismus nicht schließen können: Es reicht nicht mehr, Mensch zu sein. Wie auch – der Einzige, der das Menschsein emporhebt, sogar trotz seiner Unvollkommenheit und seiner Triebe auf sein Menschsein vertrauend Mephisto gewährt, dem verschließen wir uns mit aller Macht. Das Ergebnis ist ein Menschenbild, das aus Vertrauen gegenseitige Abhängigkeit, aus Liebesbeziehungen bloße Interessenzusammenschlüsse, aus miteinander verflochtenen Gemeinschaften im Sinne Max Weber's kühle Gesellschaften gemacht hat: Den Menschen mache es schließlich nicht glücklich, wenn er seine eigenen Wünsche aus Rücksicht anderer gegenüber zurückstellen würde. Warum? Weil der Mensch nur auf seinen eigenen Vorteil bedacht sei, deshalb müsse er durch Pflichten und Gesetze zum nicht unbedingt moralischen, doch in jedem Fall *system*konformen Handeln gezüchtet werden.

Bilder schießen an meinem geistigen Auge vorbei, ich blicke zu der hell leuchtenden Burg.

Oh Mensch! Du bist etwas Besonderes, weil du bist, was du bist: Nämlich ein Mensch!

Nicht der Beruf definiert dich, sondern du den Beruf! Nicht der Beruf macht dich zu etwas, sondern weil jeder Beruf von dir verkörpert wird, ist jeder Beruf wichtig. Ohne den Busfahrer würde unsere Infrastruktur zusammenbrechen und ohne den geistigen Musiker würden sie uns in 50 Jahren jegliche Kultur absprechen. Bedenke den Lehrer, bedenke den Ausweg: Lehrt uns nicht

Aristoteles, dass sich nur der Form nach ungleiche Teile zusammensetzen lassen, weil jedes die Mängel des anderen ersetzt, dass aber deren Ungleichheit nur formhaft, nicht jedoch dem Prinzip nach ist? Die Verbindung ungleicher Teile macht das Ganze aus, anzuerkennen, dass Ungleiches ungleich ist und auf diese Weise einander ergänzen können, statt der illusionären Gleichbehandlung des Ungleichen:

Ist nicht die Herde ohne den Hirten führungslos, der Hirte ohne die Herde dagegen wirkungslos?

Wie soll es ohne Hilfsbedürftigen den Hilfsbereiten geben?

Das kleinste Glied, das größte Glied – beide sind unentbehrlich, denn beide sind Menschen! Der Politiker arbeitet daran, die Umwelt durch den Einsatz von mehr Bussen zu schonen, während der Busfahrer durch seine Tätigkeit den Plan verwirklicht.

Sie haben dir den Glauben an die Freiheit genommen, indem sie dir die Freiheit als Willkür vorstellten. Wie könntest du da anders, als auf deine vielen Begrenzungen hindeutend zu irren: Nein, ich bin nicht frei. Jetzt, wo du weißt, dass es nicht um die Willkür der grenzenlosen Möglichkeiten, sondern Freiheit zum trotzdem dich auszeichnet, dass der Bahnbedienstete entgegen der öffentlichen Meinung streiken kann, sprich, wie willst du dich nun der Freiheit verwehren?

Sie wollen uns weismachen, wir könnten als Einzelne nichts bewegen, sie wollen uns weismachen, es gäbe kein Menschsein, das der Entdeckung würdig wäre! Meinen die nicht auch, ein Einzelner könne nichts bewegen?

Alle großen Männer und Frauen der Geschichte waren alleine, jeder geistige Wandel wurde durch wenige *initiiert*. Die Masse ist dazu da, auszuführen, den Impuls aber, den entscheidenden

Impuls kriegt sie von jenem Einzelnen. Ist es nicht der kleine Funken, der einen riesigen Brand auslöst?

Aber wie der Funken auf äußere und innere Bedingungen angewiesen ist, ist der Weg gen Freiheit nur möglich, wenn die Menschen sich ihres natürlichen Verlangens nach Freiheit bewusst wären – die Möglichkeiten sprengen jeden Rahmen meines Vorstellungsvermögens. William Wallace litt höllische Schmerzen, doch waren sie ein geringer Preis, um sich einmal den Geschmack der Freiheit auf der Zunge zergehen zu lassen, ein wahrlich geringer Preis!

Ob Böse oder Gut: *Beides* liegt in der Entscheidungsfreiheit des Menschen. Er kann andere Menschen in die Gaskammer werfen, ihnen den Kopf abschlagen oder sie beklauen – stattdessen kann er sie aber auch in seiner Wohnung verstecken, sich schützend vor sie stellen oder einer älteren Dame über die Straße helfen – es liegt in *seiner* Macht.

Mein Gott – zu alldem ist ein Mensch fähig?

Menschen können irren, falsch handeln, unwissend sein – das ist nicht schlimm! Wir fürchten uns so sehr zu stolpern, dass wir nicht wagen, uns vom Fleck zu bewegen! Wir fürchten uns so sehr den festen Boden unter den Füßen zu verlieren, dass wir nicht den Blick heben. Wir hegen die Furcht, zurückzublicken, und zu fragen: Was bleibt von alldem, was bleibt von mir?

Was habe ich bis hier her getan?

Welche Bedeutung haben meine Prioritäten, was unterscheidet sie vom Trug?

So hindern wir uns selbst daran, uns zu verändern und liefern uns aus. Denn zum Menschsein genügt nicht der schöne Körper, weder die funktionstüchtige Vernunft noch die achtsame Seele.

Sprich, Mensch! Wo hast du dein Herz gelassen? Anders gefragt: Weißt du überhaupt von ihm?

Oh Mensch! Du bist unvollkommen – was hält dich davon ab, eins zu werden? Andernfalls wärest du doch gar nicht Mensch! Selbst wenn der vollkommene Gott dich als solch beschaffenes Wesen liebt, was hindert dich daran, dich selbst zu lieben?

Mensch, stehe Antwort!

Wenn du in dir trägst, was den Berg Sinai in Staub, das Meer in zwei Hälften und die Imperien dieser Welt vom Antlitz der Erde tilgte, wem oder was hast du dich verschrieben, wessen Knecht bist du geworden und zu welchem Preis?

Ich muss schmunzeln – ich sitze hier in meinem Zimmer und denke, als würden meine Gedanken Millionen von Menschen erreichen.

Aber jeder Mensch ist etwas Besonderes, er braucht dazu weder Geld, Rang, Ruhm noch die Anerkennung von Millionen Internet Usern – deshalb ist es bereits genug, wenn es einen Menschen erreicht.

Nämlich mich.

Meine Nackenhaare richten sich auf: Was der Wille eines einzelnen Menschen alles auslösen kann -

Oder hätte auslösen können…

Ruhe in Frieden, Rosa Parks.

Mittwoch

Sie hat meine Hose gut gekürzt – es gefällt mir. Das Problem mit der Weite von Hosen habe ich gut lösen können – nur was die Länge anbelangt, lässt sich nicht viel machen.

„Ein doppelter Espresso oder normaler?"

„Doppelter, bitte". Während mein Laptop hochfährt, sehe ich mich in dem kleinen, netten Café um. In der Nähe sind Schulen, deshalb sitzen hier halbwüchsige Mädchen. Um ihr wahres Alter herauszufinden, muss man ihnen in die Augen sehen, die Ehrlichkeit des Gesichts ist unter einer dicken Schicht Make-Up begraben. Handtaschen, hautenge Kleider und anzügliche Blicke – eigentlich genügt auch ein Blick in ihre *halb vollen* Kaffeetassen – so sehr sie sich auch bemühen, noch haben sie sich nicht an den Geschmack gewöhnt.

Mir kommt die vergangene Nacht in den Sinn – Thorsten und Chang schmunzeln immer, wenn ich ihnen von meinen Visionen erzähle.

Jetzt muss ich auch über mich selbst lachen – ob ich vielleicht naiv bin?

Der Espresso schmeckt gut.

Der Wald ist mehr als nur ein Rückzugsort. Seine Bäume sind meine Zeugen und sie schirmen meinen Körper ab, wenn mein Geist sich auf die Reise begibt.

Es ist wieder Zeit vergangen. Zwei Monate bedeuten den meisten nicht viel Zeit. Für die meisten verändert sich nicht viel, statt Januar ist eben März, die Sonne blendet nun die Augen, als dass die Kälte sie zusammenkneifen ließe. Statt wenig Schnee, fällt nun ein wenig Regen.

Was ist das Fazit am Morgen nach dem Feuerwerk?

Aus 2016 ist 2017 geworden, von Veränderung zeugen nur noch die Böller Hülsen und die hohlen Raketenverpackungen.

Für mich jedenfalls bedeutet eine Woche bereits eine lange Zeit, zwei Monate gleichen einer Ewigkeit. War mir mein Ich von vor zwei Jahren fremd, so ist es nun der Arman von gestern.

Ich war wieder in der regionalen Zeitung, womöglich schaffe ich es nun sogar in eine überregionale Tageszeitung. *„Darf ich vorstellen... Das Tagebuch von Arman Migrationshintergrund"*, für mich ist es ein Erinnerungsstück an Tage, die mir so fern scheinen, wie jene, als der Mensch Herr über die Zeit war und nicht einer Ware gleich überflüssig werden konnte.

Doch all das hält mich nicht mehr auf. Meinem Geist war es vergönnt, die Fesseln der körperlichen Hülle sich zu entledigen und aufzusteigen.

„Philosophieren bedeutet, die Furcht abzulegen, in schwindelerregende Höhen aufzusteigen".

Anfänglich schreckte es mich: Alles um mich herum war entblößt - ich selbst war entblößt. Nicht eine Natur war mir zu eigen, sondern viele. Ich sollte sie alle auf einmal verkörpern!

Es war, als würde man bis auf die Mitte des Ozeans hinausfahren und einen des Schwimmens unkundigen ins Wasser werfen. Das Geheimnis ist das Wagnis des Vertrauens. Die Glieder von sich zu strecken, die Augen zu schließen und regungslos sich treiben zu lassen. Dann, ganz langsam, beginnt man zu paddeln. Erst die Hände, gefolgt von den Füßen. Sanfte Bewegungen, sich an den Geist des Wassers herantastend. Es signalisiert dann: Jetzt, ganz langsam, die Arme, gefolgt von den Beinen.

Mit einem Wort: Lieben. Dieses Wort, das sich so leicht sagen lässt. Liebe. Ich lasse es mir auf der Zunge zergehen, während mein Blick den gebrochenen Sonnenstrahlen zu einer kleinen Blüte folgt. Liebe. Überall hört man davon, dabei wiegt jeder Buchstabe schwer: L i e b e.

Der Waise versteht: *Leichtfertigkeit zeugt von Ahnungslosigkeit.* Jedenfalls, wenn die Bezeichnung dem Bezeichneten entspricht. Die Liebe erlaubt nicht, sondern sie gebietet. Sie ist ernüchternd, statt illusionär zu sein. Und würdevoll ist sie! Es gibt einen wesentlichen Unterschied zwischen der Liebe und der Illusion. Der Illusion entsprechen all die rosa Fantasien und sich selbst unterwerfenden Abhängigkeiten. Sie ist die Projektion der eigenen Wünsche und das Ergebnis, wenn man nicht den Blick in den Spiegel wagt, sondern um Bestätigung ringend vor den eigenen Schwächen flieht. Die Person, auf die wir unsere Sehnsüchte übertragen, muss bleiben, auf dass das illusionäre Luftschloss nicht verwehen möge. So sehen wir über Fehler hinweg, ignorieren die Wahrheit über unseren Gegenüber, während wir uns insgeheim nach einer besseren Version umschauen. Nach und nach wird alles zur Routine, verstehen und vertragen tut man einander - nur nicht lieben.

Die Liebe dagegen ist ernüchternd, denn nicht um die Vorstellung von Liebe geht es, sondern um die Liebe selbst. Quelle der Liebe ist das Gute, sie fordert das Streben nach dem Guten. Sie fürchtet Unvollkommenheiten nicht, da sie Hand in Hand mit der Wahrheit geht: Ich liebe nicht einfach samt der Fehler, sondern weil ich sehe, wozu trotz dieser Fehler fähig ist. Nun geht mit der Wahrheit die Gerechtigkeit einher. So verlangt die Liebe von mir, nicht zu ignorieren. Im Gegenteil: Gerade aus Liebe entscheide ich, dass mein Gegenüber der Lüge, des Ignorierens von Fehlern nicht würdig ist, sondern würdig der Wahrheit! Lehren die Religionen nicht, dass Gott aus Barmherzigkeit uns die Freiheit schenkte, zwischen Gut und Böse zu entscheiden? Kann es Barmherzigkeit ohne Liebe geben? Wer liebt, bemüht sich um das Beste für das Geliebte – was gäbe es da Kostbareres, als die Wahrheit und würdevolleres, als die Gerechtigkeit? Ja, Gerechtigkeit und Gutes sind Punkte desselben Kreises, wie die Liebe:

Das Gute ist die Sonne und die Liebe ihre Strahlen. Die Gerechtigkeit ist die Wärme jener Strahlen, die Wahrheit ihr Licht. Das bedeutet: Die Liebe trägt einerseits die Gerechtigkeit in sich, andererseits die Wahrheit.

So stellt sie unerbittlich vor die Wahl: Wer ungerecht ist, wird sich an ihr verbrennen - wer die Wahrheit fürchtet, der möge sich im Schatten verbergen.

Ein bitteres Lächeln umspielt meine Lippen, bevor ich meinen Weg fortsetze. Anfänglich erscheint es aussichtslos, die Angst und die Verzweiflung schnüren einem beinahe die Kehle zu –

wem war das auf diese Weise gelungen? Niemand hatte es so gelernt, allen war mehr Zeit und Hilfe geboten.

Ausflüchte – die Reise geht unter die Oberfläche. Zur Seele des Unerkannten.

Die Menschen, denen ich draußen begegne, werden mich nicht verstehen können, ich nehme es ihnen nicht übel. Wenn ich die Einladung einer Gruppe von schönen Damen ablehne und statt-dessen zurückziehe, mit meinem Geist die Reisetaschen packe, glauben sie, ich würde verzichten.

Wenn ich meinen Urlaub nicht mit dem Blick auf die Skyline o-der einer fotogenen Landschaft, sondern in den kargen Bergen oder auf den geistigen Spuren vergangener Traditionen ver-bringe, meinen sie, ich würde verzichten.

Dabei suche ich nur meinen Weg aus der blinden Dunkelheit des ich-geblendeten Egos. Der Relativist befreit nicht, der Rela-tivist setzt sich die Ketten der Ich-heit an: In dem Anspruch, al-les im Verhältnis zu sich selbst zu betrachten, hat er sich dazu verdammt, nur sich selbst zu betrachten. Er ist wie derjenige, der sich vor einen Baum stellt, die Hand vor das Gesicht hält und behauptet: Weil *ich* nichts sehe, ist hier nichts. Seine Ver-nunft ist die des Frosches am Boden eines tiefen Brunnens, der glaubt, außerhalb des Brunnens gäbe es nur den blauen Him-mel. Wir schreiben nicht bloß die Zeit der relativistischen Post-moderne, wir schreiben die Zeit des entfesselten Egoismus.

Wenn ich sagte, dass ich nicht irgendwer sei und nur noch mei-ner würdige Dinge an mich heranließe, angefangen bei der Mu-sik, würden sie mich entweder für eitel oder für einen sich selbst das Leben erschwerenden Narren halten.

„Du willst dir einreden, *so* zu sein", warf ein Freund aus alten Tagen mir vor.

Andere sagen: „Du bist einfach anders – ich wünschte, ich könnte deine Sicht auf die Dinge haben", während sie sich gleichzeitig weigern, von ihren Maßstäben für einen Augenblick abzulassen. Stattdessen zwängen sie mich und die Welt in sie hinein.

Was beide für Selbstsicherheit halten, ist in Wahrheit die Gewissheit über die Sache. Wer sich seiner selbst sicher ist, der ist eitel: Er erträgt es nicht, zu irren und seine Reaktion wird Scham sein. Wer hingegen der Sache gewiss ist, der ist demütig: Dankbar nimmt er jeden Hinweis auf sein Irren an.

Sie machen in ihrer Ganzheit einen Bruchteil meiner Natur aus – damit sind sie nicht alleine. Es gibt Menschen, die vielschichtiger sind – der eine macht einen kleineren, der andere einen größeren Teil von mir aus. Früher ärgerte es mich, wenn der Blinde dem Sehenden um die Farbe des Meeres widersprach, heute halte ich mich nicht mehr damit auf und morgen werde ich ihn wegen seiner Blindheit bedauern. Wohlwissend, dass ein anderer gnädig über mich lächelt. Wohlwissend, dass ich weder der Welt, noch mir selbst Rechenschaft schuldig bin. Auf dem Weg zur Unendlichkeit darf ich mir keine Zerstreuung um der Endlichkeit willen erlauben: Die Zeit, die mir außerhalb all der Zerstreuung bleibt, ist ohnehin knapp bemessen.

Der koreanische Garten neben der Universität ist mir am Tage der Schulung, bezüglich der ehrenamtlichen Arbeit als Deutschlehrer für Flüchtlinge, aufgefallen. Es ist eine gelungene Nachahmung. In solche Gärten sollen sich koreanische Philosophen und Gelehrten zum Nachdenken, Lesen und Denken, vor allem aber zum Gebet und Innehalten, der Rückbesinnung auf sich selbst, zurückgezogen haben. Ein riesiger Teich, geschichtsgetreue Bauten – es ist ein schöner Ort. Ich denke ein wenig an die bisherige Schulung. Die Vorträge über traumatisierte Menschen, wie man mit ihnen umzugehen habe, auf welche Weise Menschen erreicht werden können, die nicht einmal die lateinische Schreibweise beherrschen. Die deutsche Tradition von ehrenamtlicher Arbeit hat mich tief beeindruckt. So viele junge Studenten, die in ihrer Freizeit versuchen, Menschen aus völlig fremden Kulturen ein anderes Deutschland, ein anderes Europa zu präsentieren. Gleichzeitig erschütterte es mich, wie wenig Menschen mit eben jenem Hintergrund, nämlich Muslime, heute hier waren. Wie fremd doch ein Großteil der eigenen Religion ist – war ich närrisch, als ich glaubte, dass, gleich wie weit die Entfernung auch bemessen sei: Der Baumwipfel ernähre sich von derselben Wurzel? Im negativen Sinn trifft das wohl in jedem Fall zu. Die Geschichte wiederholt sich:

1914: Die Rechten waren an der Macht und der erste Weltkrieg brach aus.

1939: Die Rechten waren an der Macht, der erste Weltkrieg brach aus – ein wenig zu spät, die Züge hatten schon mit dem Transport begonnen.

1947-1989: Die Rechten scheinen entmachtet, der kalte Krieg brach aus. Zum Preis der Lebenden und auf dem Rücken der Toten von Drittstaaten wurden Kriege zwischen zwei Parteien ausgetragen, meist mit verheerenden Folgen.

1963: „Ich bin ein Berliner". Der Mann, der in Chomskys Worten den Kurs der US-Regierung „von der Duldung der Habgier und Grausamkeit der lateinamerikanischen Militärs zur offenen Mittäterschaft an ihren Verbrechen" begründet, also John F. Kennedy, wird als Held in die Geschichtsbücher eingehen.

2012: Während Jemen, Haiti und viele andere Kriegsschauplätze im Dunkel der Gleichgültigkeit verharren, schafft es ein „Konflikt", die öffentliche Aufmerksamkeit zu erringen: Der Syrienkrieg war in vollem Gange. „Mama", erklärte ich: „Es wird die Zeit kommen, da sie Zäune um Europa bauen und den Menschen beim Ertrinken zuschauen. Selbst die Zeitungen werden verstummen. Mama, es wird die Zeit kommen, da sie mit Gewehren und Panzern an der Grenze stehen".

2014: Die Zäune werden von immer stärker werdenden rechten Parteien gefordert, ein Kontinent weist diese Forderung schockiert zurück.

2016: Die Zäune stehen, Mauern werden finanziert, Flüchtlingsgefängnisse werden finanziert, neue Diktatoren werden unterstützt, renommierte Parteien müssen sich immer weiter rechts *orientieren*, um nicht noch mehr Stimmen an die bereits in vielen Teilen Europas dominierenden Rechten zu verlieren. Hinzu kommt die Wahl eines frauenfeindlichen, fremdenfeindlichen und undemokratischen Mannes zum Präsidenten der Führerin der westlichen Welt, der USA.

2017: Arbeitgebern ist es nun gestattet, das Tragen von Kopftüchern zu verbieten, Afghanistan ist längst ein sicheres Herkunftsland und die Menschen werden immer unglücklicher. Der Nationalismus nimmt immer mehr an Fahrt auf und noch immer weigert man sich, nach den prinzipiellen Ursachen für eine solche Sicht auf die Welt und Menschen zu fragen. Wenn erst einmal der Klimawandel die eigene Existenz bedroht und viele Millionen vor Wasser und Feuer nach Europa flüchten, was wird die Angst um die eigene Existenz wohl mit uns machen?

Das traurige Lächeln verschwindet auch nicht, als eine Windböe mich zu trösten versucht.

Die Prognose: Die Liebe wird auch in diesem Jahr leer ausgehen, von Syrien, auf das dutzende Kriegsparteien aus allen Teilen der Welt schießen, wird nicht mehr viel übrig sein und wieder wird es niemand wagen, die Wurzel vom faulen Rest abtrennend neu zu pflanzen.

Dem Denken sind neue Fesseln gesetzt.

Jetzt fällt mir auf, welchen Namen ich unter dieses Tagebuch setze: Arman, der Entfremdete. Entfremdet von allem, entfremdet von diesem Tagebuch. Wahr hielt ich, was ich nun nicht mehr für der Wahrheit annähernd halte. Entblößt sehe ich die Entblößtheit, die ich zu sehen glaubte - fern ist mir das Fern, dessen Einheimisch ich mich glaubte. Abermals merke ich, dass ich abermals an den Punkt gelangt bin, an dem ich merke, dass ich nicht mehr als nur bemerke. Vermeinte zu glauben, der Strom könne bezähmt werden, hielt fest an der Illusion einer Gesellschaft in der Einsamkeit.

Wie sehr ich mich doch täuschte! Und wie sehr ich mich noch täuschen werde.

Das Rascheln des Laubes begleitet meine Schritte, ich bleibe stehen, das Rascheln verstummt.

„Durch die Einsamkeit gelangen wir zur Einsamkeit. Durch die Einsamkeit erst verstehen wir die Einsamkeit. Durch das Leben der Einsamkeit kommen wir in den Genuss einer Realität, die fern ab dieser Welt aus Sinnen und Verstand existiert".

Ich schließe die Augen, mein Geist macht sich auf.

Zur Schwerelosigkeit. Fern von der Fremde.

Ich bin einsam, aber nicht verlassen. Wie lehrten die Berge mich:

G e s e l l i g k e i t meint, wenn zwei verschiedene und eigenständige Kreise in die Nähe voneinander geraten und eine Weile um-ein-ander kreisen.

G e m e i n s a m k e i t meint, wenn diese zwei Kreise einander berühren oder schneiden und mit-ein-ander kreisen. Dabei teilen sie gemeinsame Punkte und binden sich einander, bleiben doch eigenständig und verschieden. So innig die Verbindung auch sein mag, es bleibt ein voneinander unterscheidender Teil übrig: Jede Selbstbejahung bedeutet die Verneinung des Anderen, wer „Ich" sagt, der sagt auch „du".

E i n s a m k e i t hingegen bedeutet, wenn zwei Kreise verschmelzend zur Einheit werden und es keinen unterscheidenden und eigenständigen Teil mehr gibt: Kein „Selbst" und kein „Anderes", weder „Ich", noch „Du".

Irgendwann...

Ich entscheide, zwei Briefe zu schreiben. Einen an Kant, einen an Sokrates.

Sehr geehrter Herr Kant,

mein Wissen zu Ihrer Arbeit ist noch sehr bedürftig, ich selbst noch weit am Anfang meiner Ausbildung. Jedoch glaube ich, mir diese erste Zuwendung an Sie erlauben zu dürfen. Da es sich hier um einen literarischen Brief handelt, bin ich der Versuchung erlegen, hinsichtlich Qualität zu punkten, indem ich ganz im Sinne Adornos bereits durch Äußerlichkeiten gewisse Urteile zum Vorschein treten lasse.

Die Einfachheit des Schreibens sei mir demnach verziehen:

Nun, Glückseligkeit – ein mindestens so sagenumwobener Begriff wie „Mensch". Und, wie Sie wissen, ebenso umstritten. Jedoch lassen sich in dem Meer aus Definitionen, Erklärungen, Verwerfungen und Ansätzen markante Merkmale einer jeden Zeit erkennen. Am Gegensätzlichsten sind sich Antike und Ihre Zeit. In der Antike war der Begriff der Glückseligkeit meist an göttliche Tugenden wie Gerechtigkeit, Ehrlichkeit, etc. gebunden. Natürlich darf nicht außer Acht gelassen werden, dass der Zeitgeist der genannten Epoche von Religiosität geprägt war. Und durch den Glauben an die Existenz einer oder mehreren Gottheiten und die damit verbundenen Attribute jener Gottheiten, wird bei der Definitionssuche eines „glückseligen" Lebens das Adjektiv „gottgefällig" berücksichtigt. Denn Glückseligkeit sei ein absoluter Zustand, der nicht ohne eine absolute Kraft erreicht werden könne. So definieren Platon oder Aristoteles Glückseligkeit als das Streben nach dem Guten (gottgefälliges Leben). Sie gehen davon aus, dass der Mensch, durch seine Erschaffung von Gott oder den Göttern und einer damit einhergehenden Göttlichkeit in seiner selbst, nach dem, was er für Gut hält, strebt. Wenn er jener Neigung folgt, also gerecht handelt, ehrlich und tapfer ist, so handelt er gut und kommt auf diese Weise dem Zustand der Glückseligkeit näher. Kurz gesagt: Gutes oder tugendhaftes Handeln macht den Menschen glücklich.

In den modernen Philosophien hingegen werden solche Annahmen verworfen. Jene werden nämlich von Ihnen und Ihresgleichen als dem Menschen gesetzte Grenzen, als glückshemmend verstanden. Bereits dass der Mensch überhaupt nach dem Guten strebt, wird ebenso von Ihnen bezweifelt. Ein solches Handeln bedeute für den Menschen Anstrengung und Mühe, außerdem versetze es ihn meist in eine nachteilige Position, was ihm zusätzlich Unlust bereite und folglich mehr von Glückseligkeit entferne, als er es ohnehin schon wäre. Ihnen zufolge strebt jeder nämlich nach der Erfüllung der eigenen Ziele, welche auf die Befriedigung der eigenen Neigungen hinauslaufen würden – diese bedeuteten meist Nachteile für andere. Sie trennen also tugendhaftes Handeln von der Glückseligkeit des Menschen, während antike Autoren dazu tendieren, Tugenden als Voraussetzung zur eigenen Glückseligkeit zu erklären, folglich beide Begriffe miteinander verflechten. Während Tugenden also für - um es in Ihrer Sprache zu sagen - die Alten Erfüllung, bzw. Glückseligkeit bedeuten, beschneiden Sie Ihrem Verständnis nach die Glückseligkeit. Dies deutet auf einen weiteren, entscheidenden Unterschied: Die Herangehensweise an „Glückseligkeit" selbst. Die Antike beansprucht Gültigkeit dafür, dass der sog. Endzustand (die Glückseligkeit) das Ziel alles menschlichen Strebens sei – Sie hingegen verwerfen dies. Ein Grund wäre, dass das Erreichen dieses „finalen" Zustandes nicht Ziel von Menschen sein könne, da es sich um einen Zustand handele, der keinesfalls von wollenden Menschen gewollt werden könne: Wie, so würden Sie fragen, kann ein Mensch wollen, in einen Zustand zu kommen, in dem er nichts mehr will? Es wird deutlich, dass die Unterschiede bereits bei der Wurzel beginnen. Den Satz: „Ein gutes Leben bedeutet, sich selbst gerecht zu werden", würden auch Sie unterschreiben, doch bedenken Sie: Für antike Philosophen kann sich selbst nur gerecht werden, wer gleichzeitig den anderen, gar der Gerechtigkeit selbst gerecht wird. Denn der Mensch wäre das den Göttern am ähnlichste Wesen und diesem „gottähnlichen Wesen" könne er nur gerecht werden, indem er göttlichen (absoluten) Attributen nach handele, also <u>allen</u> gegenüber gerecht sei – während Sie hingegen davon ausgehen, dass der Mensch auf die Befriedigung seiner eigenen Neigungen und Wünsche bedacht sei, jene wiederum meist niederer Natur wären. Um anderen gerecht zu werden, müsste er sich gegen seine eigene Glückseligkeit - welche Ihnen zufolge in einer unbeschränkten Befriedigung von Lüsten jeglicher Na-

tur - stellen . Was er nicht will, und weshalb er z.B. durch Strafandrohung oder das moralische Gesetz als unüberwindbare Instanz dazu gezwungen werden muss. Wenn ich gerecht handeln möchte, müsste ich ja anfangen zu verzichten, meine Sympathien und Antipathien bei der Beurteilung zurückstellen - welcher Mensch könnte solches wollen?

Nun fragt der aufmerksame Leser: Wieso sollte ein solcher Mensch nicht danach trachten, möglichst alle seine Triebe zu befriedigen, was ist an dem puren Egoismus der Postmoderne, in der jeder Mensch sich die Fesseln der triebhaften Ich-Haftigkeit angelegt hat, denn so schlimm? Aristoteles würde sagen, dass der postmoderne Mensch in der Finsternis des Narzissmus umherirre, Sie dagegen müssten zugestehen, dass wir uns in Richtung Glückseligkeit bewegten. In der Hoffnung, Ihnen kein Unrecht zu tun, verstehe ich Ihre Antwort folgendermaßen: Wir sagen dem Menschen, dass seine Seele unsterblich sei und ein Leben nach dem Tod, in dem sein Handeln Konsequenzen habe - positive oder negative, je nach seinem irdischen Treiben. Und weil ein solches Szenario einen Urheber braucht, der die Statisten in Position bringt, sagen wir ihm noch, dass es einen Gott gäbe. Mit anderen Worten: Gewiss doch, gestehen Sie zu, tugendhaftes Handeln bedeute dem Menschen Verzicht und Einschränkung, aber worauf er in diesem Leben verzichtet, das würde ihm im nächsten vergolten - was er in diesem Leben durch untugendhaftes Handeln bloß zeitlich hätte genießen können, das würde im Nächsten durch ewige Strafe überwogen. Gott - das Mittel zum Zweck - würde schon dafür sorgen.

Lieber Herr Kant, ich denke, ich habe deutlich gemacht, dass Sie keinesfalls die Legitimität des Begriffs der Glückseligkeit anzweifeln, da auch Sie von einem danach strebenden Menschen ausgehen. Sie unterscheiden sich auch nicht von den antiken Autoren in der Aussage, dass der Mensch dann glückselig wird, wenn alles in seinem Leben verläuft, wie erwünscht. Ihr Problem mit der Antike ist prinzipieller Natur:

146

Nämlich kritisieren Sie eine fehlende, ausreichend genügende Berücksichtigung des Willens selbst, der menschlichem Handeln zugrunde läge. Sie meinen, dass Eigenschaften wie Besonnenheit oder Tapferkeit nicht genügten, um einen Menschen gut zu machen. Im Gegenteil: Sie könnten auch schlechten Einfluss nehmen. Nichts ist an sich, sondern immer im Verhältnis zu etwas, hier dem menschlichen Willen, gut. So bedürfe es des guten Willens, der z.B. den Mut in die richtige Richtung lenkt. Was Sie aus meiner Sicht übersehen, verehrter Herr Kant, ist, dass Sokrates bereits 2000 Jahre zuvor diesen Einwand im platonischen Dialog „Gorgias" vorwegnahm.

Wenn ich Sie richtig verstanden habe, da ich mir selbst nicht sicher bin, soll dieser Teil als eine Hypothese verstanden werden, bezweifeln Sie, ob denn Glückseligkeit der „eigentliche Zweck der Natur" sei. Sie begründen Ihren Zweifel damit, dass nämlich die Vernunft nicht nötig sein würde, weil die Instinkte zur Erreichung jenes Zustandes völlig ausreichten. Im nächsten Schritt, und hier wage ich wieder mehr Selbstbewusstsein in Bezug auf mein Textverständnis mir anzumaßen, erklären Sie Menschen, die nach den zuvor gepriesenen Tugenden leben und gleichzeitig über ein genussvolles Leben nüchtern nachdenken, für unglücklich: Denn sie würden, wie bereits erläutert, merken, dass sie sich mehr „Leid" als „Gewinn" zugezogen hätten. Ihnen gelingt es nicht, hier der platonischen „Lehre" (der Meister selbst hätte diesen Begriff ungern gehört) einen Mangel nachzuweisen, sondern vielmehr offenbaren Sie den Mangel Ihres Menschenbildes. Im Dialog Gorgias antwortet die Figur Sokrates auf die Frage, ob er denn lieber ungerecht handeln oder ungerecht behandelt werden wolle, dass er das Unrechtleiden dem Unrechttun vorzöge. Es wird deutlich, dass das Menschenbild der Antike von einem Menschen ausgeht, der sich über den Wert der Bezeichnung „Mensch" bewusst und demnach auch bei materiellem Schaden oder Nachteil glücklich ist, wenn stattdessen er eben dem „Menschsein" gerecht wird. Leugnet Sokrates etwa die niederen Wünsche des Menschen, leugnet er die Vorteile materiellen oder biologischen Wohlbefindens? Nein, doch angesichts seiner geistigen Bedürfnisse, gemessen an dem Universum, das er in seinem Herzen trägt, sind die Reichtümer dieser Welt Luftschlösser. Wie ein blinder König der Welt die Farbe des Meeres nie wird sehen können, bleibt ein reicher und gesunder Mörder doch ein Mörder, während sein lügnerischer Bruder niemandem wird trauen können. Der geistig bewusste Mensch dagegen, man möge ihn mit Krankheit und Armut schlagen - in seinen Augen werden Sie die Spuren von etwas sehen, dass ihm niemand zu nehmen vermag. Etwas, das er mit den Vögeln, Bäumen und Bergen teilt, um dessen wegen er die Schönheit und Harmonie in den Dingen zu sehen weiß, um dessen willen er auf dem Weg der Gerechtigkeit nicht wankt. Sie und Ihresgleichen hingegen berauben den Menschen dieser Ur-Schönheit. Aus diesem Grund führen Sie den kategorischen Imperativ ein – Sie glauben nicht, dass der Mensch ohne eine solche Regel oder Klausel fähig wäre, gar keinen wirksamen Grund dazu besäße, entgegen seines Begehrens moralisch handeln zu können – eine andere Form des Kontraktualismus. Was mich am meisten wundert, ist, wie sehr sie sich auf den trügerischen Halt des Geländers der Vernunft verlassen. Einerseits soll nur bestehen bleiben, was sich mithilfe ihrer beweisen lasse und aus ihr ergebe, andererseits soll sie voraussetzen, was sie nicht beweisen kann: Nämlich die Existenz eines Gottes. So schreiben Sie in Ihrer Kritik der praktischen Vernunft, dass die Vernunft ihn zwar nicht beweisen könne, jedoch ihn postulieren müsse, damit es ein Szenario nach dem Tod, mithin so etwas wie eine „intelligible" Sphäre gäbe. Von der Verhältnismäßigkeit der Vernunft einmal abgesehen, frage ich: Kann sie denn voraussetzen, was sie nicht beweisen kann, ohne eine überrationale Ebene anerkennend ihren eigenen Spielraum zu relativieren?

148

Habe ich Ihnen mit meiner Rekapitulation kein Unrecht getan, scheint Ihre Ethik eine rapide Herabsetzung des Menschen zu bedeuten. In dem Anspruch, ihn durch seine Vernunft aus seiner Unmündigkeit zu befreien, katapultieren Sie ihn erst recht in sie hinein. Mit Ihnen genügt das Menschsein nicht mehr - nur, was bleibt ohne sie, was wäre nicht illusorisch über sie hinaus?

„Ein gutes Leben bedeutet, sich selbst gerecht zu werden" – nach Ihnen kann solches für den Menschen nur uneingeschränktes Befriedigen seiner Begehren bedeuten. Deshalb wird auch der Hedonismus eines Epikur falsch verstanden – Jener geht nämlich davon aus, dass der Mensch nicht nur „triebhafte" Lüste als solche empfinde, sondern geistige und ehrwürdige Lüste hege.

Davon abgesehen bringt mich Ihre „Gefühllosigkeit" ins Grübeln. So blauäugig wie Sie die antiken Philosophien darstellen, sind sie keineswegs. Jene berücksichtigen die vielen Gefühle und Neigungen eines jeden Menschen, doch setzen sie ihn aufgrund dieser nicht herab. Jene glauben an den Menschen und daran, dass er trotz oder gerade aufgrund dieser vielen gegensätzlichen Motive und Triebe in sich nicht nur fähig ist, sich für die „guten" zu entscheiden, sondern genau dieses Vermögen ihn auch ausmacht. Gerade deshalb ist der Böse doch nichts wert, der Triebhafte und Egoist ein bedauernswertes Häufchen Elend. Eines guten Willens, wie Sie ihn voraussetzen, bedarf weder Platon noch Aristoteles: Deren Menschenbild zeugt von einem nach dem Guten strebenden Menschen, weil gerade dies ihn auszeichnet.

Sie reduzieren alles auf ein Schwarz-Weiß-Bild: Entweder der moralische Wille ist da, was konkret bedeutet, dass der Zweck die Mittel heiligt – oder er ist es nicht, so spielt es keine Rolle, welche Gefühle einen Menschen bei einer Handlung leiten – sie ist nicht moralisch. Ebenso

wird die antike Philosophie in ihren Grundzügen unverdient verein-
facht, keinesfalls würden Platon und Aristoteles dafür plädieren, dass
eine einzige Tugend wie die der Mäßigung ausreichen könnte, um gut
zu sein – „Gut" ist ein absoluter Begriff, es gibt gute Tugenden, doch
sie alle bilden gemeinsam, in harmonischem Zusammenspiel erst das
„Gute", von dem die antike Philosophie spricht. Wer gerecht handelt,
könnte dies auch um des Ruhmes willen tun – wer jedoch sowohl Besonnenheit als auch Gerechtigkeit lebt, der kann nicht um des Ruhmes
willen gerecht sein, weil er schlicht und ergreifend nicht nach diesem
lebt. Sein Blick ist gerade auf das Gute gerichtet, wie die Biene sich
unbeirrt am Honig hält, statt sich zerstreuen zu lassen. Zu Diskussion
stünde vielleicht, ob Gerechtigkeit eine Tugend sei. Was meinen Sie?
Ich glaube, dass Sie und Ihresgleichen die Antike falsch verstanden haben, weil mit einer Brille, deren Gläser in ihrem Entstehungsprozess
unter anderem durch die Fabrik des Reduktionismus, Relativismus
und Subjektivierens gegangen sind, die antike Philosophie in ihrer Ei-
gentlichkeit nicht zu erfassen ist. Sind Sie vielleicht deshalb unglücklich gestorben, weil das leise Unbehagen keine Ruhe lässt?

Ich komme nun zum Ende, Herr Kant. Erlauben Sie mir, zum Ab-
schluss noch folgende Sätze für weitere Prüfung:
„Die Vernunft gebietet mir..." - ein grammatisch korrekter Satz.
„Die Gebote der Vernunft erlauben mir nicht...", ebenfalls korrekt.
„Die Vernunft gebietet ich...", hingegen ist falsch.
„Der Vernunft gebiete ich...", dagegen ein grammatisch korrekter
Satz.
Ist nicht die Vernunft, genau wie „mir" und „mich" dem Ich unterge-
ordnet? Mir, Mich können nicht entscheiden, vernünftig zu sein - Ich
hingegen schon, wie auch ich entscheide, was vernünftig ist.

150

Bedeuten nicht „mir" und „mich" immer geprägt zu werden? Die Liebe kann mir gebieten, der Hass kann mich verleiten, die Vernunft kann mich abhalten - jemand kann versuchen mich zu denken, aber niemand kann ich denken. Ich kann vernünftig sein, wohingegen die Vernunft niemals ich sein kann. Wenn ich mich zügele, statt mich das Ich, was ist dieses Ich, dass zügelt und was ist jenes mich, das gezügelt wird?

Der Vernunft und ihren Regeln unterwerfe ich mich, weil ich dem Mich folge und Angst vor dem Ich habe. Man stelle sich vor: Ich, enthoben von Vernunft und Begierden und Denken… Jeder kann versuchen Mich zu verstehen, aber niemand kann Ich verstehen.

Ich verstehe ich - klingt nicht gut. Ich bin ich - ein wohltuender Klang. Ihre Philosophie ist keine Hilfe. Sie begrenzt, sie macht blind für das Ich. Sie befreien nicht aus der Unmündigkeit, Sie machen unmündig. Denken zeichnet in weißen Farben, und wählt dann aus verschiedenen Farben aus - Alle anderen, ob denn nun Vernunft oder Erfahrung oder sonst eine andere Instanz, zeichnen in ihrer Farbe. So stehen zum Ausmalen nur noch begrenzte Farben zur Verfügung. Ich braucht keinen kategorischen Imperativ - Ich sieht, wozu weder reine Vernunft, reiner Glaube noch reine Erfahrung oder reines Denken fähig ist…

Dennoch möchte ich Ihnen meinen Respekt bekunden. Denn Sie hatten nicht die Möglichkeit und den nötigen Abstand, um Ihr Werk zu überdenken, um es zu erkennen. Auch Sie waren eben ein Kind Ihrer Zeit. Sie versuchten noch den Menschen aus dem zu retten, wozu ihre nächsten Vorgänger und Zeitgenossen ihn degradieren sollten. Ich bin der felsenfesten Überzeugung, dass Sie sich im Grab umdrehen, jedes Mal, wenn erneut jemand trotz der vielen Gegenbeispiele davon schwärmt, dass Sie und die Art Ihres Schaffens einzigartig wären. Die Menschen wollen ein fertiges Produkt, sie wollen in der Höhle bleiben können, Ketten, die sie vor dem Dringen nach draußen abhalten, Ketten, die ihnen das Gefühl geben, dass es nicht nötig wäre. Im Gegensatz zu Ihnen, haben diese den Glauben an ein Menschsein verloren.

Kapitel III: Das Werden

Brief an Sokrates

*O*h *Sokrates,*

*Nahezu 2500 Jahre Menschheitsgeschichte trennen uns. Keinerlei
schriftliche Hinterlassenschaften von dir sind mir bekannt, so dass ich
in keinster Weise von deiner Leibhaftigkeit zu kosten vermag. Was mir
bleibt, sind die Schriften des Meisters, deines Schülers, Platon, die lediglich von dir zeugen...*

*Und dennoch, wie stark ist das Beben in meiner Brust, wie fern die
Entrücktheit meines Geistes, wie sehr wanke ich, sobald ich deinen Namen lese, ja kaum wage ich ihn zu wispern - schwer wiegt jede Silbe
auf meiner Zunge, unwürdig ist sie zu seinem Takt zu bewegen sich,
schwerhörig ist das Hörvermögen meiner Ohren und kurzsichtig das
Sehvermögen meine Augen.*

Mein Herz schlägt schon zum Takt eines anderen Namen.

*Doch, meine Seele, sie weiß sich in dem Feuer der Sehnsucht zu win-
den, ja, sie tanzt, während sie sich sträubend stürmt in die sengenden
Flammen, die ihre rostigen Hüllen aufzehren und nichts zurücklassen,*

als den in den Feuern glühenden Kern. Was ist die Seele anderes, als eine Schale?

Vielleicht sind es nicht deine Worte, vielleicht legte der Meister sie dir in den Mund, doch ist es dein Licht, welches ihn auf den Weg fernab der Wege führte. Das strahlende Licht in der Dunkelheit, deren Finsternis erst der Weg in das Licht fernab trügerischer Helligkeit ist - ohne dich wäre der Meister niemals zum Meister, der kein Meister ist, geworden.

Weit mehr als zwei Jahrtausende nach dem Erlöschen deines Lichts ist all das eingetreten, vor dem du uns zu bewahren erhofftest:

Du warntest davor, die Bedeutung eines jeden Begriffes vorauszusetzen, du fordertest von den Philosophen, zu versuchen, jene zu ergründen, ohne zu meinen, sie ergründet zu haben - ist nicht dies das Geheimnis? - niemals durfte das Ziel aus den Augen verloren werden.

Zu verstehen, was man meint, zu wissen!

Die Reise zu einem Ort, den niemand findet, bis auf jene, die um ihrer Unwissenheit wissen, die bereit sind einzugestehen, dass „Ich weiß, dass ich nichts weiß" nicht eine erkenntnistheoretische Verneinung, sondern ontologische Bejahung ist.

Die Insel, die kein Seefahrer mit einer Karte zu finden vermag.

Das Ziel, das den Weg zu sich auswählt und ihm die Reisemöglichkeiten zeigt.

Der Weg, der den Reisenden wählt.

Du glaubtest, dass Menschen grundsätzlich nach dem streben, welches sie für Gut halten - wie recht du doch damit hattest! Ohne es zu wissen, bestätigt Heidegger, was du sagtest und die unterschiedlichen Formen des totalitären Regimes, eine Ausgeburt der Moderne, versuchten es sich zu eigen machen, indem sie das „für Gut halten" der Menschen zu pervertieren versuchten - ist es ihnen gelungen?

Das ist nicht Gegenstand dieses Briefes, deshalb möchte ich nicht weiter darauf eingehen. Nur, dass du Recht behieltest, ohne jemals den Anspruch darauf erhoben zu haben - wozu sollte das Recht Anspruch auf Gültigkeit erheben, wenn es doch in seiner Natur liegt, recht zu haben!

Erhebt man etwa Anspruch auf etwas, das man bereits besitzt?

Die Aufklärung hat es nicht geschafft, den Menschen völlig vom Menschsein herab zu degradieren, als sie das Gute sinnentleerte und den Menschen veräußerlichte. Die Moderne hat es nicht geschafft, den Menschen vollständig entmenschlichend in die Dunkelheit der Disharmonie zu stürzen, als sie das Absolute seiner Herkunft, dessen Wesen kein Wesen ist und weit den Zwängen der Absolutheit enthoben ist, negierte.

Indes, zerstört hat sie bei ihrem Versuch sehr viel, das ist gewiss. Ich gestehe, dass mir der Rückzug sehr verführerisch scheint. Wenn ich den Rauch über der verkohlten Überresten einer in Schutt und Asche liegenden Innenwelt der Menschen sehe, möchte ich das Gesicht verziehen und mich in eine Hütte in den Bergen flüchten. Wer sich aber nicht mit der Welt der Formen aufhält, sondern die Klarheit und Unendlichkeit der Prinzipien kennt, der weiß: Die Zerstörung, wie das Aufbauen haben eine sehr schöne Eigenschaft, die sie vom Seienden unterscheidet:

Ihnen fehlt jegliche Absolutheit, es lässt sich aufbauen, was zerstört, es lässt sich zerstören, was aufgebaut wurde. In der Wesenheit, die selbst dem Prozess des Entstehens und Vergehens unterworfen ist, einer jeden Zerstörung, wie jeglichem Aufgebautem, liegt durch die damit einhergehende Sichtbarkeit das Hinterlassen von Spuren zugrunde.

Wie kann etwas aufgebaut werden, ohne sich des zur Verfügung stehenden Materials zu bedienen?

Wie kann etwas zerstört werden, ohne zu zertrümmern, was zuvor aufgebaut wurde, ohne sich zuvor aufgebautem, besser noch, entstandenem, zu bedienen?

Eine Notwendigkeit, die mit jedem entstanden-Sein einher geht, denn nur Entstandenes vermag lediglich zu zerstören und aufzubauen, während einzig nicht-Entstandenes aufzubauen weiß, was nicht zuvor oder wenigstens vergangen ist. Denn das eine ist absolut Verhältnismäßig, das andere absolut Absolut. Als Entstandenes kann es eben nur aus „war“ im herkömmlichen Sinne „ist“ und aus „ist“, „war“ machen - doch in das Sein vermag es nicht einzugreifen, weil es selbst Bestandteil von „ist“, „war“ oder „wird“ ist. Außer, es könnte sich aller drei enthalten. Dann wäre es aber nicht mehr Entstandenes, sondern Nichts - im wahrsten Sinne des Wortes, denn als solches kann es nicht sein - oder das absolut Absolute.

Materiell mag dieses deutlich sein, doch selbst für die Welt des Geistigen gilt selbiges. Die Rohstoffe, derer sich unsere in ihrem Dasein begrenzten, vom Ursprung her jedoch unbegrenzten Geister zu bedienen vermögen, sind selbst der Weltlichkeit unterworfen, als dass sie im Verlaufe des weltlichen Daseins geschöpft oder nicht geschöpft werden. Und so wagt sich mein Geist in das schattige Plätzchen deiner Fußstapfen, wenn er sagt:

Ich weiß, dass ich nichts weiß. Denn das Wissen zu wissen, würde ja unter einem Gesichtspunkt bedeuten, keines Wissens mehr bedürftig zu sein, unter einem anderen hingegen, dass das Wissen einen Wert besäße. Wenn Wissen selbst absolut wäre, eine Quelle, wenn du so willst, so schöpfen unsere kleinen Geister immer noch bloß aus ihm, um den Tribut der Weiterfahrt zu entrichten. Wenn das Wissen einen Wert besäße, würde es nicht auf das anschließende Verstehen hinweisen und sich vor dem übersteigenden Begreifen beugen.

156

Einem Trugschluss sind wir jedoch erlegen, erhabener Sokrates! Wir meinen nicht mehr bedürftig zu sein, so verbannten wir den Herren der Welten, wir meinen nicht mehr bedürftig zu sein, so haben wir uns an der Natur vergangen - wir meinen nicht mehr bedürftig zu sein, so wandten wir uns gegen uns selbst. Erich Fromm warnte bereits, dass der Tod des Einen im Tod des anderen münde - aber hören wir denn zu! Wir gleichen Hungernden, die meinen, nicht der Nahrung zum Stillen des Hungers zu bedürfen - doch statt zu vergehen, wie wir müssten, vergehen wir nicht - in dem Glauben den Hunger überwunden zu haben, hungern wir auf eine Weise, vor der uns der Hunger hatte bewahren wollen - wahrlich, wie gut hätte uns zu vergehen getan!

Du hobst einst den Menschen auf einen Podest, von dem nur er sich zu stoßen vermochte - was er auch tat. Freilich sandte dein Herr, wie Er auch dich sandte, als letztes den Schönsten unter den schönen - und jetzt, wo ich tauber die letzte Stunde schon geschlagen zu hören glaube, bist du, der du nie geöffnet und niemals auch geöffnet werden wirst, das Geschenk für uns, als dass wir uns unserer Seelen besinnen! Weißt du, Trefflichster, es gilt zu ergründen, was nicht ergründet werden, zu suchen, was nicht gefunden und zu erstreben, dessen einzig niemand habhaft werden kann.

Mich versprach es verführerisch, das Sprechen zu verlernen. So tief saß die Wirkung, als ich mich verbarrikadierte Zuhause und nur las, las, las und schrieb. Aber wie dein Herr dich lehrte, so lehrtest du mich zu lieben das Menschsein! Wie könnte ich auch anders beim Lernen dich, als die dem Prinzip des Menschseins am nächsten, dem Juwel des Seins am ähnlichsten schauende Verwirklichung. Jenes, welches du verkörpertest, und jeder auf seine Weise zu verkörpern vermag, denn: Jedem das seine. Die Kunst ist es, zu erkennen, zuzuordnen und demgemäß *sprechen und handeln: Vermag der Blinde mehr, als zu vermuten? Urteile zu fällen ist die Berufung des Richters, fehlt die Gewissheit, so bleibt nur:*

Im Zweifel für den Angeklagten! Oder ist es etwa rechtens, zu verurteilen den im Prozess sich Befindenden?

Nun meine ich, dich verstanden zu haben! Menschsein bedeutet Werden. Das ist das Besondere an ihm, nicht etwa sein Fluch! Die Worte…Sie sind Ballast, sie sind Grenzen, sie versprechen trügerischen Schutz! Ich muss in Worte fassen, um Gedachtes zu verstehen, ich muss in Worte fassen, um Gedachtes wahrhaftig zu durchdringen: Doch ist mein Denken meinem Sprechen zwei Schritte voraus, meinem Schreiben um Längen! Die Sprache ist festgelegt, ihre Worte höchstens kleine Abschweifungen voneinander - selbst, wenn sie zwei, drei und sogar tausenddeutig wären: Sie könnten doch nicht deuten, was nicht einmal die Unendlichkeit als Versinnbildlichen der unendlichen Deutbarkeit zu deuten wüsste! Jedenfalls ist die Sprache, und mit ihr die Worte, festgelegt, gleich jedem Festgelegten beansprucht es Gültigkeit, die der Dauer des Festgelegten gleich dauert - meine Worte verlieren schon im nächsten Augenblick ihre Gültigkeit, ja schon wenn der letzte Buchstabe hinzugefügt vor sich hin harrt! Und wie gefährlich ist das erst in unserem Zeitalter, wo Beschriebenes nicht von den Kostümen seines Scheines befreit wird? Wie soll mit Festgelegtem gesehen werden, was sich nicht festlegen lässt - es ist genau wie mit dem Wert: Wie soll jeglichen Wertes erhabenes bewertet werden, wenn doch in seiner Bewertung die größte Wesensverfehlung, damit folgerichtig die größte Verletzung seiner Würde steckt?

Ich will nicht sprechen, sondern schauen: Meine Augen sehen mehr als meine lästige Zunge zu verlauten meint: Und doch, sie ist meine Rettung: Wahrlich, mein Herz, es würde dahinschmelzen!

Was ich so sehr möchte, dass die Sehnsucht zu sehen selbst bereits zum Anfang der Zeitlosigkeit bringt…

Ach, mein liebster Sokrates, in einer Zeit leben wir, in der Mann und Frau einen weltlichen Wert bekommen, in einer Zeit leben wir, in der Kinder bereits früh lernen, sich Produkten gleich auf einem Markt gegen andere Produkte zu bewähren… Deshalb muss ich schreiben, mein um der Nichtigkeit des Wissens Wissender, um das Ziel zu erreichen, das mich einem Bedürftigen gleich erst befähigt, zu schauen, was weder sichtbar, noch unsichtbar, ja nicht einmal ist: Nicht nur zu wissen, dass ich nichts weiß, sondern zu verstehen und begreifen, dass ich nichts weiß. Wenn der Blinde erst verstanden hat, dass wahre Blindheit die Nichterkenntnis seiner Blindheit ist…

Welch ein Meister des Sehens!

Ach Sokrates…

Was sie dir und deinem Schüler vorwerfen! Elitär wärest du, ja sie gehen gar weiter: „Platonische Philosophie birgt Nährboden für totalitäre Herrschaften!" Nun, sage, liegt eine gesunde Hierarchie nicht in der Natur? Haben sie etwa Hierarchien abgeschafft, oder bloß geistige durch materielle ersetzt, innere durch äußere? Warst nicht etwa du es, der der Gleichheit, welche eines der wesentlichen Merkmale totalitärer Herrschaft ist, den Krieg erklärend sich gegen die Machthaber stellte? Du wandtest dich gegen all jene, die absoluten Gehorsam verlangten! Du warntest davor, wenn nicht durch Zwang, sondern gerade durch Konsens und Freiwilligkeit die Ketten angelegt würden…

Und sie werfen dir Totalität vor…

Du sprachst von einem Gott, dem die Menschen dann am ähnlichsten sind, wenn sie hinterfragend der Wahrheit zustreben, wenn sie alles Scheinbare aufgeben, um der Gerechtigkeit dienend in den Genuss wahren Wohlstandes zu gelangen! Und sie werfen dir Totalität vor, der du auf der Agora stehend mit den Menschen nach der Wahrheit suchtest! Du, der du fragtest, statt zu antworten...

Töricht sind sie, so töricht! Sie merken nicht einmal, dass du ein wissender Nichtwissender bist! Wie oft weist du darauf hin, dass jedes Denken immer wieder überdacht werden muss, dass der Mensch nicht absolut erkennen kann - was heißt denn Philo-sophia nach deinem Schüler? <u>Liebe</u> zur Weisheit! Und was bedeutet die Unfähigkeit zu erheben absoluten Gültigkeitsanspruch? Weshalb sagst du denn in den Schriften deines Schülers, u.a. im Dialog Laches, dass du auch nur ein Suchender bist und der Belehrung bedarfst? Vermag etwa ein jeglichem Totalitarismus ferner, der Entdecker oder Wegbereiter jener Staatsform zu sein? Hannah Arendt selbst schreibt, dass der größte Feind totalitären Wesens in der Freiheit, immer wieder von vorne anfangen zu können, liegt: „Alle Freiheit liegt in diesem anfangen Können beschlossen", schreibt sie in ihrer Monographie Elemente und Ursprünge totaler Herrschaft, Kapitel 13! Nun - ist das nicht dein Ansatz? Genau jene Freiheit nämlich zu erhalten? Treu bleibst du immer dem Motto „Lasset uns anfangen!". Ja Platons Ziel, als er deine wertvollen Sätze einfing, war die Botschaft, dass an die Wahrheit nur dialektisch herangetreten werden kann! Doch sie sagen, dein Ziel wäre auf diese Weise „Wahrheit zu vermitteln". Aber es ist nicht die Suche nach der Wahrheit, oh Sokrates, die sie zu solchen Vorwürfen kommen lässt! Wahrlich, Hannah Arendt nehme ich aus dem, was nun folgt, heraus. Zu wertvoll ist sie, als dass ich sie mit den anderen in einen Topf werfen würde:

Sie sagen, dein Schüler wäre elitär und stellen sein Modell eines Philosophen Königs als ein der absoluten Monarchie gleiches dar! Er wolle, so diese anmaßenden, dass der Bauernstand fleißig arbeite und der Wächterstand wache, auf dass der Philosophenkönig in Ruhe herrschen könne! Dabei kehren diese Törichten unter den Tisch, wie der

160

Meister, dein Schüler, die Herrschaft definiert! Sie lassen außer Acht, dass in diesem Modell die Herrschaft, anders als in ihren Modellen, nichts Erstrebenswertes ist, und deshalb es für den Philosophen Opfer bedeutet, zu herrschen! Keinen Reichtum soll er haben, nur das, was nötig ist, um frei von jeglichen Fesseln zur Gerechtigkeit hinstrebend herrschen zu können; Frei von Machthunger, Frei von jeglichen niederen Lüsten und Trieben, sein Ziel jedem die ihm zustehende Freiheit möglich machen.

Richten sollte seine Seele sich dem sie umgebenden.

Wie sollen denn nun die Menschen unter einem solch guten, gerechten Herrscher - soweit auf Erden möglich - der um der Menschen und um des Guten willen, nicht um der Totalität willen, den Vorsitz seufzend übernimmt, können Bürger eines solchen Staates ihre Identität in der Identitätslosigkeit finden, welche selbst im Wesen der totalitären Herrschaft liegt? Es ist die Totalität, die im Wesen der totalitären Herrschaft liegt - wie kann ein Nichtwissender, ein Bedürftiger, dessen Weg ihn fort von Systemen und Unmenschlichem führt, denn nun jenes totalitäre Regime gebären?

Wie viele junge Menschen gehen verloren? Wie vielen jungen Geistern wird Unwahrheit um Unwahrheit über dich und deinen Herren gelehrt, woraufhin die einen unglücklich einer Fata Morgana nach der anderen hinterher hecheln, während die anderen dem Ruf der Sirenen folgend sich dem Untergang weihen.

Sie sagen du wärest elitär! Mit der ihren Geistern zu eigenen Oberflächlichkeit werfen sie mit dir deinem Schüler vor, einem sich selbst verkennenden Narren gleich, rechthaberisch auf etwas zu pochen, dass sie die „platonische Lehre" nennen. Ersetzt haben sie deine natürlichen, geistigen Hierarchien durch rein wirtschaftliche. Nun, lassen wir alles außer Acht und betrachten nur die Mäeutik, die Hebammenkunst:

Was tut eine Hebamme? Sie hilft bei der Geburt. Inwiefern? Sie steht der Gebärenden bei, ja, sie hilft ihr dabei, auf die richtige Weise zu gebären: Doch was *geboren wird, darauf nimmt sie keinesfalls Einfluss! Ja sie versucht nicht zu bestimmen, was geboren wird, weder in seiner Hautfarbe noch in seinem Geschlecht, weder versucht, noch vermag sie zu beeinflussen, ob es dick oder dünn sein soll. Sie ist nur Stütze dabei, es überlebensfähig zu machen. Und wenn sie hundert Jahre lang als Hebamme tätig wäre, so verbinden die von ihr unterstützten Geburten lediglich zwei Dinge:*

Einmal die notwendige Bedingung des geboren Werdens, und die Eigenschaft, Mensch zu sein. Zentral im Leben einer Hebamme ist und bleibt, dabei zu helfen, das Kind überlebensfähig zu gebären. Dessen Eigenschaften äußern sich unterschiedlich - aber gemeinsam ist mit all den anderen das Menschsein. Dreht sich auch nicht darum deine Philosophie? Um das Menschsein? Und wieso kann die Hebamme nur helfen, aber nicht leiten? Ja, ich wage mir das Wissen anzumaßen - vergebe mir meine Torheit - dass es sich hier um zwei Dinge handelt: Sie hilft nur, weil mehr zu tun Gewissheit und Kenntnis verlangt, die nur ein Meister haben kann - dafür ist der Arzt da.

Und doch vermag auch er niemals zu bestimmen, wie das Kind von Natur beschaffen sei. Höchstens vermag er, wie ihre Ärzte, es wider seiner Natur zu verändern.

Freilich weiß ich, wieso sie dich und deinen Schüler, sowie seinen Schüler, nicht haben wollen: Auf diese Weise kann sich jeder Philosoph nennen. Dich zu akzeptieren, würde den Tisch zertrümmern, auf denen das hin und her wankende Kartenhaus steht.

Was kann noch von ihnen zu erwarten sein? Metaphysik und Philosophie sind wie Mond und Sonne. Indem sie sich der Metaphysik verschlossen, stürzten sie die Philosophie in pechschwarze Dunkelheit.

Ich bitte dich, erbitte deinen Herren, um die Gunst zu empfangen meinen Geist! Verloren sind wir, ohne dich, der du Kompass bist auf diesem pfadlosen Weg! Dadurch, dass wir nicht mehr um des Prinzips des Guten willen fragen, ist uns alles abhandengekommen, was wir niemals besitzen, jedoch zu nutzen fähig wären. Nicht gut soll eine Handlung sein, sondern richtig. Nicht die Freiheit im Schatten des Guten ist das Ziel jeder Wissenschaft, sondern Stabilität und materieller Wohlstand. War das Ziel des Staates einst Gerechtigkeit jedem zu ermöglichen, der dessen fähig ist, so ist es heute der Vorteil - war das vorteilhafte einst der Vorzug der Seele, so ist es nun ihr Verderb.

Sie nennen es Sicherheit und Stabilität.

So verlor alles Wert, was niemals einen Wert besaß - bedeutet Wert denn nicht immer im Verhältnis zu etwas anderem zu stehen (wertvoller/weniger wertvoll) und einschätzbar zu sein? - und Wert bekam, was ihn nicht besaß. Wozu diese Wortspielerei: Es bekam Wert, was niemals einen Wert besaß, aufgewertet wurde, was von niederem Wert war.

Der Wandel zum Schlechten wird am besten durch den Wandel der Staaten deutlich - sagtest nicht du, dass jede herrschende politische Verfassung die geistige Verfassung der sie am Leben haltenden Bürger repräsentiert? Was soll nun von einer Gesellschaft zu erwarten sein, die unter einer postmodernen-Demokratie lebt? Was soll von einer Gesellschaft zu erwarten sein, die ihre Freiheit in der Freiheit von jeglichen Werten, Idealen und Tugenden sieht? Und weil es Gefangene sind, die entscheiden, was Freiheit ist, ist es ein leichtes, nicht nur den Freien Ketten anzulegen, sondern auch unversehrt die Unterworfenen unterwerfen zu können, ohne ihnen Ketten anlegen zu müssen: Denn wozu sollten Ketten und Wärter nötig sein, wenn schon die Gefangenen Ketten und Wärter ihrer selbst sind?

*Ach ja, wenn doch der Busfahrer Busfahrer, der Arzt Arzt und der
Untugendhafte bestrebt um der Tugend wäre - alles hat seinen Wert
verloren, alles ist auf seinen Nutzen reduziert - nicht einmal die Bildung ist mehr Bildung - wie könnte Gutes, dass nicht um des Guten
willen lebt, Gutes sein - wie sollte da der rechte Umgang mit dem Menschen möglich sein?*

*Die einen knechten die Körper, die anderen die Geister. Sage, Wertes-
ter, was nützt mir die körperliche Unversehrtheit, wenn doch mein
Geist in Ketten liegt? Lieber wählte ich die körperliche Gefangenschaft,
wüsste denn mein Geist um der Gefangenschaft und würde sie sprengen, koste es, was es wolle… Aber sie haben verwechselt. Die Freiheit
von der Freiheit ist keine Freiheit - um frei zu sein, muss man ein Ge-
fangener der Freiheit sein, die Freiheit von der Freiheit dagegen die
niederste Gefangenschaft!*

*Ja, so ist es um mich bestellt! Die Last, es ist mein Körper samt seiner
Beschaffenheit! Er klammert sich an meinen Geist. Ich finde mich damit ab, in der Unvollkommenheit des Menschen liegt doch sein
Menschsein, ich weiß nun, dass nicht das Nichtwissen das Problem ist
- freilich, meines Körpers Gefängnis zu leugnen, töricht! Liegt es an
meinem Alter? Liegt es an meiner Einfachheit? Ich weiß es nicht, oh
Sokrates, im Moment empfinde ich ihn als ein Gefängnis! Gefangen ist
mein Geist, mein Verstand, Vernunft und Herz - Denn es ist die Beschaffenheit meines Körpers, die mich erst mit dem Worte straft!*

Es ist mein Körper, der mich ihren Blicken aussetzt.

*Genauso, wie mein Körper nur bestimmte Grenzen mir zu erkunden
gestattet, erlauben mir die Worte nur selbiges! Jeden Moment zu zersplittern drohen, nur um dann doch nicht zu zersplittern!*

*Indes! So sehr er sich an mich klammern mag, mich bei sich zu halten
droht. Ich kenne den Grund: Ihm graut vor den Höhen, die mein Geist*

zu erreichen sich verzerrt, ihm graut vor dem Feuer, in dem mein Herz sich von der Schale befreit.

Er ist mein Körper, doch ich nicht sein Geist! Meine Seele soll er haben, aber ich übersteige ihn. Die Sättigung seiner Verlangen reicht nicht einmal mehr aus, um mich zufrieden zu stellen - Es ist allenfalls die Beseitigung von Ablenkung, verstummen lassen das lästige Geplärre. Genießen gehört dazu, so ist mein Körper von dieser Welt - bloß ist selbst dies nicht um seinetwillen, sondern des Genießers wegen, der ein Teil von mir ist. Bloß ein Teil!

Deutlich wird, wie wenig ich auszusagen vermag! Einzig zu begreifen, ist, wo der lange Arm der Unwissenheit nicht hinreicht!

Du und ich wissen, es ist nicht deine Person, die mein Herz auf den Weg in die Flammen machen lässt -

Es sind die Flammen, in denen deine Seele längst angefangen hat, mit-zu-brennen, die mich rufen.

Ich komme,

Oh Sokrates!

Lasse uns brennen lichterloh,

inmitten von Feuer

will ich mit dir tanzen

Das Feuer,

dem ganze Wälder schon

zu Opfer gefallen!

Inmitten von jenem Feuer

mit dir aufgehen

dessen Flammen trotzen

kein Feuer vermag!

Aristoteles und ibn Rushd,

Maulana und Al-Ghazali,
Ibn Tufail und Meister Eckhard -
an all jene erinnern mich deine Worte,
sind sie nicht mehr
als Vorbereitung zu ertragen
den Bruchteil einer Sekunde
seinen Hauch!

Ich komme zum Ende.
Beraubt hast du mich meiner Sinne,
fort sind all die Schlüsse und Trüge -
Die Zunge verlassen der Worte,
Augen und Ohren
taub und blind -
mein Herz…
Mein Herz harrt einsam daher
gefangen in der Welt -
zurückgelassen mich.

Kein Mädchen vermag zu trösten
kein Gut zu zerstreuen,
weder mag der Freund freund,
noch der Feind feind sein.

Fern ab jeglicher Ferne -
Bleibt mir die Last mich.

Ich komme zum Schluss, oh Sokrates, erlaube mir mich einzureihen
Seit an Seit mit jenen Törichten, die meinten, mehr zu wissen, als dass
sie nicht wissen!

Eines anzumerken sei mir noch vergönnt:

Es ist ein Hunger,

den keine Kost -

ein Durst,

den kein Trunk

und eine Sehnsucht,

die weder dieser Welt anmutigste Frau

noch dieser Welt größter Reichtum

lindern mag.

Es ist die schmerzvollste Einsamkeit, eine wahrlich peinigende Einsamkeit, die dann ermöglicht, was keine Gesellschaft zu meistern fähig wäre:

Sie befreit von der Einsamkeit, die ohne Einsamkeit nicht zu erahnen und in Einsamkeit erst sich bewahrheiten und zu entfalten weiß.

Sie erlaubt die reinste Freiheit, höchste Lust und wonnevollste Wärme in der Einsamkeit!

Welch wohltuende Gesellschaft -

welch eine Höhe, schwindelig ist mir!

So will ich ruhen lassen, freilich ist es das Feuer, welches mich treibt fern von „ich bin" zu „ich werde"!

Erlaube mir diese Verse:

Das Feuer der Liebe ist wie jedes andere Feuer:

Es kann nicht brennen

ohne entfacht,

Es kann nicht weiter brennen

ohne gepflegt zu werden.

Um es zu entfachen

muss man in Kauf nehmen, manches zu verbrennen.
Um es zu pflegen
muss man dem Grundsatz treu bleiben:
Verbrennen und opfern
was dazu gemacht ist,
verbrannt und geopfert zu werden.

Das Feuer der Liebe ist wie jedes andere Feuer:
Es brennt unvergänglich,
solange ihm Vergängliches zugeführt wird.

Aristoteles lehrt uns:
Das Feuer ist besonders und einzigartig,
weil es unentwegt gen Himmel strebt -
ich ergänze -
dabei niederbrennt
was im Gegensatz zum Himmel liegt,
also am Boden ist.

Das Feuer der Liebe ist wie jedes andere Feuer:
Man kann von der Ferne zuschauen,
sich hin und wieder wärmen,
einmal entfacht
kann man es ebenso verglühen lassen.

So ist es
ein unentwegtes Zusammenspiel
aus Verbrennen und Wärmen,
verbrennen und wieder wärmen:
Der Dunkelheit entsagen,

um Licht in die Dunkelheit zu tragen.

Die Ahnung vom Licht
ist Grund'
die Dunkelheit zu verneinen,
um das Licht zu bejahen.

Das Feuer der Liebe unterscheidet sich von allen anderen Feuern:
Es entspringt
dem Quell göttlichen
Wirkens und Ausdrückens.

Es zerrt
sich nach göttlicher Schönheit
und ist die einzige
unmittelbare Verbindung und Brücke
zwischen
Himmel und Erde,
Mitte und Äußerem,
der ersten Ursache und direkten Wirkung,
Gott und Mensch.

Der Mensch entfacht bewusst das Feuer,
Der Mensch schafft die Brücke zwischen Himmel und Erde.

Nicht
indem er Gott auf die Welt holt,
sondern
indem er verwirklicht,
mensch zu Sein.

Der Mensch ist die Brücke zwischen Himmel und Erde.
Irdisch ist er,
weil er sich den Nachthimmel mit den Sternen
und das Tageslicht mit den Pflanzen teilt.

Himmlich ist er,
weil in seinem Herzen das Unbedingte
und in seinem Kopf das Objektiv wohnt.

Gewiss,
Es gibt das Prinzip des Menschseins,
Wie auch jedes Feuer
Sinnbild des einen Prinzips,
Des Feuers der Liebe ist:

Einzig die Liebe bewirkt unentwegtes Streben,
denn Lieben bedeutet
unentwegt zu streben.

Immanenz und Transzendenz,
Anstreben und begrenzt sein:
Die Richtung kennen
doch niemals ankommen.

Selbst wenn wir alles Brennbare verbrannt hätten
und
alles Entbehrliche entbehrt hätten -
Der Himmel bliebe doch nur ein Tor,
der Verbleib im Herzen bloß vorübergehend.

Wir erhaschen
ohne zu erfassen:
Doch wir erhaschen,
statt blind zu sein.

Wir bergen
ohne zu entbergen:
Doch es ist in uns geborgen,
statt uns verborgen zu sein.

All dies
lehrt das Feuer,
weit mehr
lässt es begreifen.

Wahrlich, es ist die Freiheit von der Freiheit, die erst in Freiheit zur Freiheit die Freiheit von der Freiheit in Knechtschaft im Absoluten selbst möglich macht.
Für diesen Augenblick verstehe ich Halladsch, als der glückselige ausrief: „Oh Leute, rettet mich vor Gott".
Es ist dieses Mich, das sich auflösende Mich…
Ich habe es verstanden – Für den Augenblick zumindest.
Gerechtigkeit, selbst wenn es nur die Ahnung von ihr ist: In ihr lohnt es sich zu leben, und in ihr lohnt es sich zu sterben.
Denn gerecht sein, bedeutet adelig,
gut sein, bedeutet mensch Sein.

Ende

Nachwort

Natürlich ist der Protagonist nicht völlig deckungsgleich mit mir. Es widerspricht dem jedoch nicht, zu sagen, dass der Inhalt der Handlungen tatsachengetreu ist. Die Reaktionen des Protagonisten, seine Gedanken, Schlüsse und Thesen hingegen sollen zur Anregung dienen, statt meine eigene Weltanschauung präsentieren oder verbreiten zu wollen.

Bevor ich zur Danksagung komme, möchte ich Ihnen ans Herz legen, mir zu schreiben. Ob Fragen, Anregungen oder Kritik - schreiben Sie mir. Über meine Website findet sich ein Kontaktformular:

www.ammaraldudak.de

Der erste Dank gebührt meiner Familie: Ich bedanke mich bei meinem Vater und meiner Mutter. Dafür, dass sie mich tatkräftig bei dem unterstützen zu werden, was ich bin, und davor schützen, was ich nicht bin. Ebenso danke ich meinen drei bezaubernden Schwestern, besonders der ältesten unter ihnen. Sie ist der Appell an den Sanftmut in mir.

Weitere Worte wären an dieser Stelle unangemessen.

Ganz besonders danke ich Thomas Luderer, meinem Freund aus Kindertagen, für sein Korrekturlesen. Weiterhin danke ich herzlichst seiner Mutter, Frau Luderer, durch welche ich eine weitere, wertvolle Kritikerin gewonnen habe.

Zum Schluss danke ich all jenen, welche durch ihr Einwirken außerhalb des Romans mich in meinem Denken und Schaffen unterstützen.

Anhang

„Der Klimawandel hängt zusammen mit einer tief geistigen, philosophischen und religiösen Krise im Selbstbewusstsein des modernen Menschen"

Die Fakten bespricht mittlerweile jedes Format:
Innerhalb von nur 25 Jahren habe die Biomasse der Insekten um 80 Prozent und damit die Überlebenschance der Vögel rasant abgenommen, 70 Prozent aller Pflanzen würden als gefährdet gelten und 2025 sollen ca. 1/3 der Welt keinen Zugang zu Wasser haben.

Thomas Bauer zufolge hängt dies mit einer den modernen Gesellschaften charakteristischen Ambiguitätsintoleranz zusammen: Der moderne Mensch ertrage Ambiguität nicht mehr, Eindeutigkeit strebe er an. Was nicht berechnet, gemessen oder an materiellen Maßstäben bewertet werden könne - so, wie er am Markt als Arbeitskraft und die Zeit als Arbeitszeit be- und verwertet würde -, wäre ihm zuwider. Selbst die Streamingdienste und Online-Händler speichern unsere Vorlieben, generieren auf Basis des Bisherigen Listen mit ähnlichen Vorschlägen, fördern die Vereinheitlichung unseres Urteilsvermögens. Bestätigt würde dieser Zusammenhang zwischen Natursterben und Entmenschlichung (denn nichts anderes bedeutet eine zwanghafte, äußere Vereinheitlichung) dadurch, dass parallel zu den oben genannten Zahlen z.B. knapp 1/3 der weltweit gesprochenen 6500 Sprachen aussterben sollen. Und weil Religion nicht ohne Ambiguität leben kann, bedeute ihre rein buchstäbliche Auslegung, bzw. die Entsinnlichung des Offenbarungstextes, d.i. die

Aushöhlung des Buchstaben von der Bedeutung, ihr Ende. Bedenkt man nun, dass die mittelalterliche Priesterkutte als Verfügerin über die Wahrheit in der Moderne durch den (natur)wissenschaftlichen Kittel ersetzt wurde, gepaart mit der Idee Bacons, Natur als Mittel zum Wohle der Wissenschaft („science should have for her purpose power over nature"), mag das sicherlich ein fruchtbarer Ansatz sein.

Doch aus meiner Sicht trifft dies nicht den Kern der Sache. Es gibt einen ursprünglichen Grund, die Wurzel, von dem sich alles weitere ableitet. Fragen wir: Weshalb hat es so lange gedauert, bis die Zivilgesellschaft auf den Klimawandel aufmerksam wurde? Bereits seit den 50er und 60er Jahren schrieben Forscher über eine beunruhigende Wirkung der Naturausbeutung, doch erst, seitdem die drohende Katastrophe sich im Alltag bemerkbar macht, schenken wir dem Aufmerksamkeit. Es geht also nicht um die aussterbende Biene, sondern entweder um

die drohende Endkatastrophe (kennen Sie den Ausdruck homo suicidalis?),

materielle Existenzängste, da der Klimawandel „den Wohlstand der Industrienationen" bedrohe, oder

die Furcht vor Migration, denn: „Die Folgen des Klimawandel gehören wesentlich zu den globalen Fluchtursachen" - und Flüchtlinge, d.h. Konkurrenten auf dem Arbeitsmarkt oder die Beweise für den im europäischen Kollektiv tief verwurzelten und in den Rest der Welt exportierten Nationalismus, will keiner. Je nachdem, welchen dieser Gründe man hegt, unterscheidet sich der Intensitätsgrad des Widerstandes. So stellen junge Menschen, die zur ersten Kategorie gehören, schärfere Forderungen.

Das ursprüngliche Problem scheint mir, dass unser Menschenverständnis (damit unsere Selbstwahrnehmung) ein veräußerlichtes und geistloses ist. Einst verstand man das Menschsein wie eine Medaille mit zwei Seiten. Die eine Seite fasse das sinnliche Leben, d.i. die biologische Ebene, die andere das spirituelle Leben, d.i. die geistige Ebene. Letzteres haben wir aus unserem Bewusstsein verbannt, mit weitreichenden Folgen: Indem wir nämlich unser Selbstbewusstsein materialisierten, materialisierten wir auch unsere Wahrnehmung und unseren Bezug zur Außenwelt. Die Veräußerlichung des Begriffes „Mensch" mündet notwendigerweise in einer Veräußerlichung der Welt: Wir betrachten alles Leben ausschließlich quantitativ und haben unseren Sinn für die Qualität verloren. Unser Credo im Umgang mit der Natur lautet *spätestens* seit der industriellen Revolution: Rücksichtslos effizient züchten, halten und gewinnen, was sich gewinnen lässt.

Maximieren, ohne Maximen zu kennen.

Wieso erscheint diese Rechnung sinnvoll? Jason Moore, ein Neomarxist, würde, anders als Seyyed Hossein Nasr, auf den Kapitalismus verweisen. „Kapitalismus" fasse eine Verbindung aus Denkgebäude, System- und Lebenspraxis zu einem geschlossenen Kreis. Kein Samen kann gedeihen, wenn der ihn bergende Boden ihn nicht die benötigten Nährstoffe bietet. Weil der Kapitalismus seine Ideen nicht einfach als Keimzelle, sondern seine benötigten Grundannahmen als Nährboden unserem Denken, Betrachten und Verstehen zu Grunde legt, können ihm widerstreitende Ideen zwar in ihm potentiell vorhanden sein, jedoch nicht gedeihen. Wenn sie gedeihen, dann nur solche Bestandteile, die auf ihn, den Nährboden, positiv reagieren. Nun schreibt Moore, dass der Kapitalismus einer bestimmten

Sichtweise auf „Mensch" und „Natur" bedürfe. Zunächst würden beide im Prinzip voneinander getrennt: Natur muss zu *dem Anderen* werden. Er weist auf den cartesianischen Dualismus, denn mit der Trennung von Geist und Körper lernen wir im Entweder-Oder, statt Sowohl-als auch zu denken. Ich ergänze, dass jener die Veräußerlichung des Menschen und der Natur ermöglicht: Beide werden als bloße Körper betrachtet, die zeitlich sich fortgehende Verhärtung dieser Sichtweise bedeutet Materialisierung, die Beschränkung auf das bloß mess- und nutzbare, schließlich die unhinterfragte, dogmatische Annahme der Geist- und Seelenlosigkeit beider Elemente. Moore geht nicht so weit, stattdessen würden - nachdem beide voneinander im Prinzip getrennt seien - die Dinge als Einzelteile betrachtet und als Quellen von Ressourcen begriffen. Aus Natur z.B. würde „*Billige* Natur", aus Mensch würde *billiger* Mensch. Um die Tragweite dessen zu verstehen und einordnen zu können, muss man dieses „Erfordernis" verstehen. Primat und Diktum des Kapitalismus ist unbestreitbar Profitmaximierung. Profit ergibt sich, wenn der Gewinn meinen Einsatz übersteigt. Profit*maximierung* bedeutet weit mehr, nämlich dass der Profit nicht einfach entsteht, sondern zum Zweck, der Austausch zum Weg und die Güter zu Mitteln werden. Dem Kapitalismus ist es fremd, in den Austausch zu treten, um z.B. einen bestimmten Gegenstand zur privaten Nutzung zu erringen, weil mit dem Besitz des Gegenstandes der Grund zum Austausch hinfällig wird: Es gibt keinen Kreislauf, keinen Strom, weil Handelnder und Gehandeltes aus dem Verkehr gezogen sind. Ist Zweck Ihres Interesses am Austausch bloß Profit, dann gilt dasselbe: Früher oder später werden Sie gesättigt sein.

Profit*maximierung* schafft indes einen fortwährenden Kreislauf, in dem nicht bloß das Gehandelte kalkuliert und bemessen, sondern der Handelnde selbst zum Gegenstand wird. Maßeinheit ist dabei sein Verhalten, das entworfen, gesteuert und optimiert werden soll. Denn Profit*maximierung* ist ein Zweck, der vom einzelnen Handelnden und Gehandeltem abstrahiert: Er übersteigt beide, fasst sie in einer Menge mit anderen zusammen. Sie werden angetrieben, weitergeleitet und fortwährend in Bewegung gehalten. Plötzlich gibt es kein Limit mehr, kein sich „zufrieden zurücklehnen", aus dem Sog zurücktreten: Der verlangende Blick stets nach vorne gerichtet, jedes Verwertbare ausgeschöpft - schließlich gilt es nicht zu *gewinnen*, sondern zu *maximieren*. Hierbei möchte ich zwischen *maximieren* und das *Maximum wollen*, unterscheiden: Wenn Sie ein Maximum erreichen möchten, ist die Grundannahme, dass es ein Maximum gibt: Ich möchte so gut Klavier spielen, wie es mir *möglich* ist: *Möglich*, weil mein Spielvermögen begrenzt ist. Das Credo der Profitmaximierung dagegen ist bewusst ein halber Satz: Es geht um Profitmaximierung, nicht das *höchstmögliche* Maximum erreichen, weil es ein solches nicht gibt:
Maximieren, ohne Maximen zu kennen.

Auf diese Weise kommt man zum selben Zwischenfazit, aber es ist aus meiner Sicht ungenügend. Denn es stellt sich die Frage: Wie es anders machen, wie eine nicht rein materialistische Weltanschauung legitimieren und aus welchen Gründen? Besonders aber: Auf welchem Nährboden konnte die Saat des Kapitalismus aufgehen, welche Haltung hat die Wandlung zum kapitalistischen Mensch ermöglicht?

Schon früh, lange vor allen Wissenschaftlern, warnten religiöse Menschen, wie der Dichter William Blake (18. Jhd.) vor den Folgen eines rein biologisch und äußerlich verstandenen Menschen und der Konsequenz eines entsprechenden Naturbegriffs. Sie erkannten die geistig-zerstörerischen Folgen unseres Naturverständnisses: Dem Bruch mit der Natur, der industriellen Revolution, sowie ihrer Wegbereiter geht der Bruch mit der menschlichen Spiritualität voraus. Wenn William Blake vor Entmenschlichung warnte, d.h. dass wir mit jedem Vergehen an der Natur uns an unser eigenen Spiritualität vergingen, bedeutete es weder der Kirche, noch dem Staat etwas. 1968, als „Man and Nature", von Seyyed Hossein Nasr, erschien, waren es gerade religiös geprägte Kreise, die dagegen protestierten. Dass ein Großteil der Hippie-Bewegung aus jungen Menschen bestand, die aus guten Verhältnissen stammten und tatsächlich aus geistigen Gründen gegen die modern-kapitalistisch-bürgerliche Gesellschaft protestierten, in der der menschenunwürdige Utilitarismus als Staats- und Gesellschaftsideologie herrscht, wird eher verdrängt. Vielmehr betrachtet man sie mit Melancholie und Nachsicht als eine eigenartige Strömung, mit der kaum jemand etwas anfangen kann. Statt die fortwährende, tiefe, kollektive Sinnkrise beim Namen zu nennen, die eine solche Bewegung hervorrief, halten wir uns mit den Forderungen und Verhaltensweisen auf. Auf diese Weise wird jegliche ernsthafte Reflexion im Keim erstickt.

Andererseits, wozu auch reflektieren: Aristoteles betrachtet Tiere und Pflanzen als beseelte Wesen, mit denen wir auf eine Weise verbunden sind, die über rein biologische Ähnlichkeiten hinaus geht. Diese Art der Verbundenheit mag indes bestehen, nur bewusst sind wir ihrer nicht:

Die Zeiten eines Franz von Assisi, der den Vögeln predigt oder eines Khalil Gibran, der an die lange Tradition der sog. „Naturmystik" anzuknüpfen versucht, bedeuten für die fortschrittsvernarrte Wissenschaft und reflexionsunfähige Kirche gleichermaßen Häresie. Wo wir schon bei den religiösen Gemeinschaften sind: Die Kirche weiß mit der Bedeutung nichts anzufangen, weil der sie bergende Behälter der Buchstaben von der Aufklärung zerbrochen wurde, die Moschee hat den Sinn für die Bedeutung verloren und lässt sich von lauter „-ismen" verdunkeln, während die Synagoge keine Antworten auf den aus Europa importierten, gewaltbereiten Nationalismus und Sozialdarwinismus weiß.

Nun könnte man einwenden, dass es Bewegungen und Strömungen gäbe, die das Gegenteil pflegten: Sie werben nicht nur für einen bewussten Lebensstil, sondern sie gestalten diesen ebenso kreativ und stilvoll, um die Aufmerksamkeit des Kunden zu erhalten. Zunächst ist einleuchtend, dass jede Regel Ausnahmen besitzt. Weiterhin sei bezweifelt, wie viele tatsächlich aus Überzeugung auf diese Weise aktiv sind: Die meisten suchen Erfüllung darin, haben das Gefühl, ihrem Leben einen Sinn verliehen zu haben. Teile der neuen intellektuellen Eliten inszenieren, andere individualisieren sich auf diese Weise.

Frage: Wenn es um Sinnsuche und Individualität geht, es keinen objektiven Maßstab gibt, an dem sich unterschiedliche Ziele vergleichen lassen, aus welchem Grund sollte ein klimafeindlich produzierender Unternehmer oder der sich zu umweltschädlichen Werbezwecken inszenierende Prominente seinen Lebenssinn aufgeben?

Welcher Maßstab bestimmt, dass das eine gut, das andere böse wäre, wenn doch der vom Affen abstammende Mensch keinen

Sinn für solche Qualitäten haben kann? Und wenn „gut" und „böse" keinen Wert haben, wozu sollte der Unternehmer innehalten, nur weil ein paar Sklavenarbeiter in der sengenden Hitze Katars zusammenbrechen?

Mir scheint, dass nicht bewusste Überzeugungen, sondern Sentimentalität Ursache solchen Handelns ist, ähnlich wie bei der Moral und wir deshalb den Kapitalismus durchschaut, ihn jedoch nicht bezwingen können: Stellen Sie sich vor, Sie dürften unmoralisch handeln, ohne Konsequenzen tragen zu müssen. Weshalb sollten Sie dennoch moralisch handeln? Die Antwort darauf ist meist ein Unbehagen, das wir nicht erklären können, Sentimentalität, die wir pflegen. Antworten hingegen, die die Qualität solchen Handelns unterstreichen, sucht man vergeblich. Dies ist kaum verwunderlich, bedenkt man doch, dass sowohl der Konfessionslose als auch der Anhänger einer Konfession, beide auf die Frage nach dem Menschen mit seinen biologischen und sinnlichen Eigenschaften antworten. Frage ich beide nach der Qualität des Menschen, welche Liebe, Gerechtigkeit und Moralität erst tatsächlich greifbar macht, reagieren sie mit Unverständnis - beiden fehlt der Sinn für das „Seelenfünklein" Meister Eckhards („Alliquid est in anima quod est increatum et increabile").

Also frage ich, jenseits von Sentimentalität oder Existenzangst: Warum sollten mich die grotesken Bedingungen des Fischfangs kümmern, wenn der ehemals eher exklusive Lachs plötzlich für jedermanns Brieftasche erhältlich ist?

Wie kann ein Mensch nach geistigen Qualitäten, z.B. Gerechtigkeit oder Freiheit, streben und erwarten dürfen, diese konkret

zu realisieren, wenn er unter „Mensch", somit auch „Natur"
keine Qualitäten zu begreifen vermag?

Was kümmert mich die Zukunft, wenn ich in einer davon un-
berührten Gegenwart lebe?

Meine These lautet folglich:

Dem Verlust des Gespürs für die innere Schönheit der Natur
geht die Blindheit ob der eigenen, inneren Schönheit des
Menschlichen voraus: Wer nichts über die Qualität des
Menschseins auszusagen vermag, für den bleiben Moralität
und Naturschutz, Mensch und Natur substanzlose Schablonen,
geistlose Körper. Was reine Materie ist, das ist immer Mittel zu
etwas. Alle Menschen, ob religiös oder areligiös, sehen die Natur bloß äußerlich, weil unsere Verfügerin über die Wahrheit,
die Wissenschaft, ihnen ein veräußerlichtes, biologisches, kurz
materielles Ich bietet, das gar nicht anders kann. Dieses Ich ist
wie der Farbenblinde. Gegen dieses Angebot wagen die religiösen Kreise keinen Widerspruch, um ihre gesellschaftliche Ak-
zeptanz nicht zu verlieren. Deshalb lässt es uns kalt, was Ibn
Rushd (Averroes) über die Einheit der Natur schreibt: Stein und
Erde seien so beschaffen und geformt, dass sie einander Bewoh-
ner und Behausung bietend vervollständigen: Es gäbe keinen
prinzipiellen Zufall, alles besäße einen Sinn und eine Bedeutung, so dass selbst die lästigste Fliege es wert ist. Solange wir
unseren Sinn für diese Einheit allen Seienden nicht finden, wird
keine Form von nachhaltiger Produktion und Lebensform uns
davor bewahren, nicht nur den biologischen Organismus, sondern zusätzlich die Qualität „Mensch" endgültig zu begraben.